Deutsche
Menschen

本雅明作品系列

德 意 志 人

书信一束

［德］瓦尔特·本雅明 著

范丁梁 译

北京师范大学出版集团
BEIJING NORMAL UNIVERSITY PUBLISHING GROUP
北京师范大学出版社

引言：一本人性的词典[*]

据说，当卓有声望的《新德国期刊》（*Neue deu tsche Hefte*）之主编约阿希姆·君特（Joachim Günther）于 1955 年受苏尔坎普出版社（Suhrkamp Verlag）之托，作为"真正的行家里手"对刚刚出版的瓦尔特·本雅明的《文集》加以点评时，他对首先从作者的姓名入手知之甚少。看来，他完全不想把这位作者与那位他曾经（而且恰好是在一本德意志帝国

---

[*] 本文译自莫默尔·布罗德森为其主编的《瓦尔特·本雅明：德意志人》（Momme Brodersen ［Hg.］, *Walter Benjamin. Deutsche Menschen*, Frankfurt/M 2008，以下简称布罗德森［编］:《德意志人》）所撰写的后记，参见该书 474～488 页。下文注释均为作者原注，但出于阅读需要，形式上从文中注改为脚注，且对缩写部分做了详解。

的杂志上!)用盛赞的语调夸奖过其《德意志人》① 的德特勒夫·霍尔兹联系起来。

这则逸事不仅表明在德语区重新引入本雅明的困难,而且也说明,人们极少想要把他的名字与"编纂性"的作品联想在一起。当这样的"选集"几乎就不值一提时,在本雅明去世后对其著述的出版和接受中,人们曾与之相应地、更确切地说也就是冷淡地对待他的"选集工作"②。关于本雅明本人赋予最高意义并且因此献出不少精力的一个创作视角的透彻研究,屈指可数。而倘若只有这一本选集的话,那么全部的工作就都是专门献给《德意志人》的。但他留下了一

---

① 参见布罗德森〔编〕:《德意志人》,468～469 页。
② 参见克里斯多夫·格德/亨利·洛尼茨受汉堡科学与文化促进基金会委托、与瓦尔特·本雅明档案馆合作主编:《瓦尔特·本雅明:著作与遗稿(校勘评注完整版)》(*Walter Benjamin*, *Werke und Nachlaß. Kritische Gesamtausgabe. Im Auftrag der Hamburger Stiftung zur Förderung von Wissenschaft und Kultur hrsg. von Christoph Gödde und Henri Lonitz in Zusammenarbeit mit dem Walter Benjamin Archiv*, 以下简称《著作与遗稿》)21 卷本,法兰克福 2008 年起,第 13 卷(罗尔夫·蒂德曼/赫尔曼·施韦彭豪泽尔在特奥多尔·W. 阿多诺/格斯霍姆·朔勒姆协助下主编: 《瓦尔特·本雅明文集》[*Walter Benjamin*, *Gesammelte Schriften. Unter Mitwirkung von Theodor W. Adorno und Gershom Scholem hrsg. von Rolf Tiedemann und Hermann Schweppenhäuser*, 以下简称《文集》]卷Ⅲ,405 页)。

批绝对数量可观的其他的短小和庞大的选集。只有《德意志人》看来几乎没有被注意到——这又再次与其出版史上的一些特点联系在一起。

《德意志人》在 1945 年后被多次出版。这些发行物——从最早的《启迪》（*Illuminationen*）一书框架下的（部分）付印版（1961），到《文集》的校勘评注版（1972），再到插图版——却提供了一幅令人沮丧的图景。这幅图景从书籍外面的封套开始，延伸越过扉页，甚至涉及书的内容。至少，用"对来自资产阶级世纪之信件的评注"[①] 来给一本不断重新闪现其现实意义的文集加上标题，是十分不幸的。因为这本选集并非简单地把某一个逝去的时代编成目录并加以解释，而是表明了对当代的主题与问题的态度。本雅明也并未像众多新版本的副标题所诱导的那样，把选集视为一个整体，为其"作序"[②] 或者对其加以"评论"[③]。相反，他没有将详尽阐释的要求与之相连，而是对每封单独的信件都用一段导言——它以一两个但不会更多的独特视角来进一步阐明——来理解。对于原来的文本而言，首版的大多数排字错误（甚至是文

---

① 参见《启迪》（*Illuminationen*），282 页。
② 参见《德意志人》独立单行本第 2 版，本雅明 1965。
③ 参见《德意志人》独立单行本第 3 版。

字遗漏）仍然未加修改地保留在作者去世后那些《德意志人》的版本中。最后，正如一个上光照相纸制的"图示"版①——它对确实存在于外部形象中的有意地不吸人眼球还一个劲儿地冷嘲热讽——那样对这部作品之布局②的非法入侵，为这幅图景补足了一个传统，这个传统在剩余的漫长时间中不允许任何对这部作品之复杂产生史和对其起源的真正审视。因为读者首先逐渐——分别在《文集》逐卷出版的节奏中——接触到所有其他已完成的和有时只是通盘构思了的选集以及大量与其相关的记录与材料。因为在第一个校勘评注完整版中，《德意志人》不是作为完整的文本资料被呈现出来的。似乎它不具有任何独到之处，而是被打散成不同的部分（或者甚至被放逐至参考资料中）：卷Ⅳ的随笔（1972）、卷Ⅱ的《文学与美学杂文》（1977）——包含在其中的《卡尔·古斯塔夫·约赫曼的〈诗艺之倒退〉》（"*Rückschritte der Poesie*" von *Carl Gustav Jochmann*）与其说是一篇杂文，毋宁说是一部伪装的选集③，卷Ⅵ的《混合内容之残篇》（1985）以及全版《附录》（1989）。另一部与皮埃尔·克罗索斯基（Pierre Klossowski）共同策划的、

---

① 参见本雅明 1989。
② 参见布罗德森［编］：《德意志人》，228 页。
③ 参见布罗德森（Brodersen）2006，448～449 页。

应是用文献资料展现从黑格尔、歌德、荷尔德林和比希纳到马克思、尼采、古斯塔夫·弗赖塔格（Gustav Freytag）和戈特弗里德·克勒尔（Gottfried Keller）这些伟大人物的"周遭环境"与"周围亲近之人"的文选（以及题为《1800～1900 年亲如手足的德国》［*L'Allemagne fraternelle 1800—1900*］的一个内容丰富的备忘录①），在这套文集中甚至完全不见踪影。

本雅明的第一部选集式的著作早在 1925 年就出版了，可是正如他称呼其评论的《法兰克福儿童歌谣集》（*Sammlung von Frankfurter Kinderreimen*）②那样，这部著作只是"一个小物，一件琐事"③。他将其理解为对备制"迄今为止完全未被研究过的"而且与现实密切相关的"文化史的一章"所做的贡献。④同一时期，他忙于一部德国民间传说选集的计划，这部选集想要将"一个主题中当时最简明扼要的文本通

———————

① 参见《著作与遗稿》卷 XIV（瓦尔特·本雅明档案馆 520/1—2；Ts 2302—2303）。

② 参见《著作与遗稿》卷 XIV（《文集》，792～796 页）。

③ 克里斯多夫·格德/亨利·洛尼茨［编］：《瓦尔特·本雅明书信集》（*Walter Benjamin, Gesammelte Briefe*. Hrsg. von Christoph Gödde und Henri Lonitz，以下简称《书信集》）6 卷本，法兰克福 1995～2000 年，此处卷 III，61 页。

④ 《著作与遗稿》卷 XIV（《文集》卷 IV·2，792 页）。

过与语言方式最重要的变体相联系"而聚集起来，以便由此典范性地展示"懂得以怎样不同且重要的方式勾勒民间传说"。此外，针对这些故事之"意义的事实上强制性的暗示"，应该从这本围绕特别"非传统和冷僻主题"的选集独特的"安排与简洁"中凸显出来。① 同样还是在1925年，本雅明被委托了一桩极其充满声望的任务：位于慕尼黑的不莱梅出版社（Bremer Presse）委托他编辑一本威廉·冯·洪堡（Wilhelm von Humboldt）的论文选集。这册书属于一套丛书，大学生们应该凭借这套丛书在情绪和思想上对使用大部头的完全版有所准备。② 然而，出于至今无从解释的理由，这本已经完成初稿的选集③后来没有出版。

在接下来的几年中，本雅明成功地出版了其他大多数更为短小的选集，其中包括《文化奇谈》（*Kulturkuriosa*）④ 和《安东尼·维尔茨：一位被敲开头脑之人的思想与面容》（*Antoine Wiertz：Gedanken und*

---

① 《书信集》卷Ⅲ，61～62页。
② 参见《书信集》卷Ⅲ，71页。
③ 参见《著作与遗稿》卷Ⅱ（瓦尔特·本雅明档案馆519；5—12；Ms 564—572）。
④ 参见《著作与遗稿》卷ⅩⅣ（《文集》卷Ⅳ·2，805页）。

Gesichte eines Geköpften，1929)① 以及若干《康德不为人知的逸事》(*Unbekannte Anekdoten von Kant*，1931)②。在本雅明看来，尤其是抓住维尔茨(Wiertz)同名三连画《隐蔽》（*Die Verborgenheit*）之几乎不知名的"文字说明"是完全合理的，因为这幅画通过"出色的着装"和"布局的力量"博得了好评。③ 与之相反，他认为，一些出自"失传的文学年鉴、杂志等"的康德故事含有"对一种态度"的充满价值的提示，"根据这种态度，康德学说于哲学上完全获得成功并且被掌握之前，它首先作为一种全新的生存力量被感知到，人们不能摆脱这种力量"④。

几乎与《法兰克福报》上的《书信》系列之完结同一时间，还有一本内容丰富的、与维利·哈斯(Willy Haas)共同负责的、题为《从世界公民到富裕市民》(*Vom Weltbürger zum Großbürger*) 的德国历史文集作为本雅明被驱逐出德国前的最后一本选集

---

① 参见《著作与遗稿》卷 XIV（《文集》卷 IV·2，805～808 页）。

② 参见《著作与遗稿》卷 XIV（《文集》卷 IV·2，808～815 页）。

③ 《著作与遗稿》卷 XIV（《文集》卷 IV·2，806 页）。

④ 《著作与遗稿》卷 XIV（《文集》卷 IV·2，808 页）。

出版。① 依据编者们的看法，这不是一本涉及任何传统的、通向"长满各种鲜花之草地"的选集，而是一本将读者置于一间"精神的武器大厅"中的选集：那间"战斗着的资产阶级"的武器大厅。取振奋人心之效果而代之的对洞察力之促进是他们的目的，因此他们提供这种对"意见与经验"加以澄清、加以证实或者也可能对其存疑的文本来代替文艺的、"可用的"文本。再者，读者在这种将整体"就像在一幅字谜画中那样"压缩进去的、"对资产阶级之文化图景速写式的勾勒"中，发现"现实之……足够戏剧化且真实的特征扭曲了"②。

1932 年 1 月，当本雅明有机会在电台略微透露一点儿他所评论的《书信》之合集的隐秘细节时，他曾说，在这一出版系列之初，有的"几乎实在不比一个"纯粹"突然冒出来的想法更多"，有的是——如果人们愿意这样想的话——"一种情绪"③。究竟是什么给了他对这些旧日文献的指示，他仍然以何种意图

---

① 参见《著作与遗稿》卷 XIV（《文集》卷 IV·2，815～862 页）。

② 《著作与遗稿》卷 XIV（《文集》卷 IV·2，815～816页）。

③ 布罗德森［编］:《德意志人》，117 页。

追寻着它们，这些是他在一定程度上从一个文本到另一个文本逐渐领悟出来的。这听起来简直像是说《书信》完全是毫无前提地形成的。然而无论如何，之后的《德意志人》有它的历史：尤其像此处尚未提及的1939 年的选集《一七八九年的德意志人》（*Allemands de quatre-vingt-neuf*）证明的那样①，有一段甚至回溯至深远的前史，也有一段后史。

令本雅明最终能够信心十足地着手从事一个广阔得无法预估的题材的，是十分不同的事物：他在求学期间已经体验到创造性的冲击。沿着书信往来的红线策划的主要是选集、书信出版物和生平描绘类的读物、与朋友们的讨论、关于"选集"样式的纲领性思考、对"信件"种类的历史性的翻新以及特别是——就像人们可能出于简单而允许称呼它的那样——"选集练习曲"，就是所有先于《德意志人》的短小和大型的选集。

只要努力一下亲自去追查那些在《书信》或者《德意志人》的形成过程中发挥作用的最不显眼的痕迹，就首先会遇到历史学家和哲学家库尔特·布赖西希（Kurt Breysig）的若干大学课程。第一次世界大

---

① 参见《著作与遗稿》卷 XIV（《文集》卷 IV·2，863～880 页）。

战初期，布赖西希在柏林大学上练习课，"挑选的"①或者"精选的 17、18 和 19 世纪知名德意志人之生活史的文献、信件与大事记"② 在课堂上被阅读和讲解。在这里，本雅明更加近距离地接触到了一份文献资料，他自己的选集最终也应是从这当中汲取养料：他接触到了被忽视的、生僻的、令人费解的、被忘却的和下落不明的文本。或者，在此用针对这些课程的稍后一次活动上的话来说：他接触到了"在经典的高峰之间"的"匿名的或者毫不引人注目的"原始资料③，它们"在书信往来和纪念性演讲、日记和编年史中丰富地流淌"却"不大随手可取"④。此外，本雅明在这些研讨课中学会了对传统进行逆向梳理。因为布赖西希的练习课也从他提供的——包括所有面向军队统帅和行军队伍的讲授课在内的——其余课程之"华丽的粗暴"⑤ 中凸显出来，这些练习课已经通过它们的题材选择明确地与（好战的）时代精神交战。

正如自传体著述、更小型的出版物、做了笔记计划好但仍未付诸实施的选集以及本雅明钻研的与《德

---

① 《编年史》（*Chronik*）1915，65 页。
② 《编年史》（*Chronik*）1915，53 页。
③ 《著作与遗稿》卷 XIII（《文集》卷 III，407 页）。
④ 《著作与遗稿》卷 XIII（《文集》卷 III，405 页）。
⑤ 《书信集》卷 I，257 页。

意志人》相关的极多文献所证明的那样，他终其一生是一位简直狂热的信件与书信中生平描绘的阅读者。从歌德时代直到他自己的当下、再到罗莎·卢森堡（Rosa Luxemburg）的《狱中书简》（*Briefen aus dem Gefängnis*）①，他几乎没有遗漏一篇这种形式重要的或者至少值得注意的发表物。在一定意义上，对选集而言，情况也大致相同。他早就知道像由晚期纳粹理论家威尔·费斯佩尔（Will Vesper）主编的套书《德国诗歌八百年之成果》（*Ernte aus acht Jahrhunderten deutscher Lyrik*）② 那样的流行"文选"③，一如他了解（和评价）不莱梅出版社那些值得称道的选集——例如胡戈·冯·霍夫曼斯塔尔（Hugo von Hofmannsthal）的四卷本《德语小说家》（*Deutsche Erzähler*）④ 或者他的数次再版的《德语读本》（*Deutsches Lesebuch*）⑤。此外，他还间或——有时十分详尽且从根本上——对选集加以评论：那种新型的

---

① 参见《书信集》卷Ⅰ，120 页。
② 参见费斯佩尔（Vesper）1906 和费斯佩尔 1910。
③ 参见《书信集》卷Ⅰ，14 页。
④ 参见霍夫曼斯塔尔（Hofmannsthal）1912。
⑤ 参见霍夫曼斯塔尔 1922～1923 和霍夫曼斯塔尔 1926。

法国散文①、瑞士诗歌②和（挪威）教学选集③，特别是鲁道夫·博尔夏特（Rudolf Borchardt）的文集《风景中的德国人》 （*Der Deutsche in der Land-schaft*)④，对其的评论⑤在私下成功地成为了他自己纲领性的表态。

只要把本雅明先于《德意志人》的选集中的导言和评论作为连贯的文本来阅读一遍，就能毫不费力地知晓在挑选、布局和语言塑造方面本雅明无疑最为重要的选集也依据的（几乎）所有准则。发掘下落不明之物、被忽视之物和被遗忘之物，练习短小简洁和"写得简明扼要"（stilus laconicus）或者"表述得简洁明了"（laconice dicere）意义上的言简意赅，反抗一种可疑的教育认识（用对教育素材的"使用"来取代对其的纯粹积累），使读者的"耳朵"敏感地"获

---

① 参见《著作与遗稿》卷ⅩⅢ（《文集》卷Ⅲ，78～79页）。

② 参见《著作与遗稿》卷ⅩⅢ（《文集》卷Ⅲ，167页）。

③ 参见《著作与遗稿》卷ⅩⅢ（《文集》卷Ⅲ，404～407页）。

④ 参见博尔夏特（Borchardt）1927。

⑤ 参见《著作与遗稿》卷ⅩⅢ（《文集》卷Ⅲ，91～94页）。

取"很少能听到或者很久没有再听见过的"声音"①，在语言和结构的塑造上保持谨慎，确立与当下的联系以及塑造每个文本所特有的各自决定性的"姿态"：这些与其他种种就是选集的一种实体理论的拼图块，该理论剩余的部分从笔记、信函和大纲中，从电台演讲《沿着旧书信的痕迹》（*Auf der Spur alter Briefe*）②中以及从本雅明的若干评论中外推出来。

本雅明区分了选集的三种类型：一种是"精英文学之文献资料"，其编排——"无论是否坦率地说"——根据"规范"的准则而进行，并且，假如它们作为妥善构思的整体呈现出来的话，那么它们会激起特别的兴趣。反之，"第二种也是较为罕见的种类"则设定了"纯粹提供信息的目的"，因此它们的编者大多保持"匿名"。最后，第三种"最为常见但是（最）令人不快"的类别代表了"一种无创造性的观点与提供信息的观点之间模糊的交融"，一位分外之人试图凭此"让他无用的消遣……在面对读者时变得有趣"③。

---

① 《著作与遗稿》卷 XIV（《文集》卷 IV·2，803～804页）。

② 布罗德森［编］：《德意志人》，117～120 页。

③ 《著作与遗稿》卷 XIII（《文集》卷 III，78 页；亦见《文集》卷 III，167 页）。

本雅明认为只有第一种类型是令人称道且值得效仿的，与此同时他对一些具体的榜样记忆犹新：尤其是不莱梅出版社的选集。令他对这些文集印象深刻的，是它们的完整性，这种完整性让它们踏入了"与迄今为止已经存在于这种形式中的几乎所有的一切"相反的、"最令人愉快的对立面"。当"平常的选集"总是带有"对原始库存……加以掠夺的污点"时，由于这些选集把搜集的文本"与一种全新的形象，一种重要意义"相配合——"这种重要意义这时不是抽象意义上的'历史性'，而是旧事物直接的，尽管更为深思熟虑、更为设防牢固的继续繁荣"——因此"一份显而易见的幸运"落在它们上面。"原始文献本身的作用"在它们中显现出来，没有什么有助于"它们教育上的抽象概括"，而且它们吸入的是"精神"。正如本雅明赞同地引用博尔夏特的一段评论，这种类型的文集"并非客观"，不是"把对象不管时间、不管风格、没有意愿并且归根结底没有动机地穿成一串"。更确切地说，"在它们身上，动机与时间、意愿与风格……持续不断地在默默工作"。在这类文集中，事物"从未……具体地"被传授，"而是一再只有事物的形态被形象地传授，只有事物在穿过互相关联不可分割的精神时变化着地感受到的表现形式被传授"。而由此，"这种互相关联不可分割的精神自我始终以崭新的形象，在始终崭新的变换与应用中"被流传下来。这使它们成为了"最高意义上的选集"①——并且由此成为全新的、"真正的文学文献"②。

本雅明在他的评论中继续这样说道，令"书籍外部更高的统一"变得明显、让"思想的风景"凸显出来、勾勒一个时代的面貌并且始终预示新的局势，这些却并非"讨人喜欢的即兴创作的问题"。其实这种目标以全面且详尽的原始资料知识为前提，就像为了获得这种完整性——这种一如博尔夏特所言"德意志精神史意义上的统一"③——它此外还需要最大限度的直觉和"可发展的观念（想法）"④、最大限度的语感和布局的力量。

博尔夏特自己只是将他的成果理解为序曲，理解为对"失落的德意志卓越才能"之全面"复兴"的适度贡献⑤，在此，人们无法抵御这种印象，即用一种几何图形来描述的话，博尔夏特最后的视角是那种只是向上攀升的线条或曲线的形状。反之，本雅明对传统的识别是一种辩证法的洞察力，他也在传统的见证

---

① 《著作与遗稿》卷ⅩⅢ（《文集》卷Ⅲ，91～92页）。
② 《著作与遗稿》卷ⅩⅢ（《文集》卷Ⅲ，167页）。
③ 博尔夏特（Borchardt）1927，500页。
④ 《著作与遗稿》卷ⅩⅢ（《文集》卷Ⅲ，92～93页）。
⑤ 博尔夏特 1927，500页。

中始终察觉到腐朽和不安："德意志人关于风景与语言的内省，历来是有多么完全毫发无伤的结果；关于国家和民族的内省，历来是有多么激烈的结果？这不值得深思吗？"因此，在这些对一种既苦涩又丰富且满足之经历的见证中，"对最优秀之德意志人四处显而易见的抛弃"正表达出来。本雅明也抢在自己的选集式作品之前这样总结他的评价，博尔夏特的著作并非"德意志人的著作，其充沛并非自困境而来"①。这已经是与《德意志人》明确的共鸣，正如业已在其献词中表述的那样，《德意志人》针对的不是辉煌出色的而是不显眼的、平淡的卓越、荣耀和尊严，它由相似的、时而对照时而互补的概念组贯穿而成：不是毫无卑微且受限之存在的真正人性②，不是毫无贫困的自由③，并且不是信念忠诚，不是毫无困境的信条④。

同时代的评论界也首先把《德意志人》作为对当时政治现状的几乎不加遮掩的评述来阅读。这恰好与

---

① 《著作与遗稿》卷 XⅢ（《文集》卷 Ⅲ，93 页）。

② 参见本书中《约翰·海因里希·康德致伊曼努尔·康德》一信的导言。

③ 参见本书中《格奥尔格·福斯特尔致他的妻子》一信的导言。

④ 参见本书中《约翰·威廉·里特尔致弗兰茨·冯·巴德尔》一信的导言。

本雅明及其出版商鲁道夫·勒斯勒尔（Rudolf Roeßler）的期望相符，这些期望甚至想在纳粹德国从这本选集上得到"至少思想上和道德上的成功"①。此外，一本打算展现"一个'秘密的'"、自由的、宽容的和友爱的"德意志"之"面貌"的文集，在1933年后几乎只能这样被接纳。尽管如此，这种文本的变体还是让人惊讶，因为其中几乎没有谈论到政治：基本上，只是在梅特涅致冯·普罗科施-奥斯滕伯爵一信的导言②中谈论到了明显不稳的主题。那么，是什么真正引起了这种阐释？仅仅是，或者至少首先是，深刻的政治变化吗？还是为了获得渴望的效果，在此应是已经踏上了关于文本选择及其排列和评论的特殊道路？

他选集式作品包含的信息涉及何物，对此本雅明的答复总是保持着一些含糊和简洁。比如，在他的电台演讲《沿着旧书信的痕迹》中就只是这样说：意图是，在所有实质性的关系、暗示和细节中澄清含义深远的信函，以便"正中人性之物"③。然而，更为意味深长的是，关于人们如何并且在何种前提条件下密切

---

① 布罗德森［编］：《德意志人》，386页。
② 参见本书中《克莱门斯·冯·梅特涅亲王致安东·冯·普罗科施-奥斯滕伯爵》一信的导言。
③ 布罗德森［编］：《德意志人》，119页。

注视这种人性之物的所有暗示与论述。

在这篇从这一点来看富有启发性的电台演讲中，本雅明短暂地提及了"伟大艺术家之存在"① 的分层，就像它成为弗里德里希·贡尔多夫（Friedrich Gundolf）1916 年的《歌德传》之基础那样。与这部在关于"歌德之亲合力"的杂文中已经是批判对象的作品再次展开争论，他这么做较少地出于这一目的。这本格奥尔格学派（George-Schule）的"精神之书"其实为本雅明充当了其选集工作之若干前提的解说。贡尔多夫把歌德之本性"由外而内地集中"包围起来② 的尝试，以对原始资料的一种评价为基础——根据其重要性来安排，书信居于谈话之上，但是居于"原创性作品"③ 之下——本雅明出于不同的理由并且不仅针对歌德而拒绝这种评价。在对第三篇发表于《法兰克福报》之《书信》的评论中，他就已经这样写道，"高超技能从来不只是在劳作中，而且同时在私人的生活空间中"④ 清楚地显示出来。此外，对德国古典文学时期之接受恰好鲜明地证明了，（无论是作品、

① 布罗德森［编］：《德意志人》，117 页。
② 贡尔多夫（Gundolf）1916，9 页。
③ 布罗德森［编］：《德意志人》，117 页。
④ 参见本书中《约瑟夫·格雷斯致阿劳城主理牧师阿洛伊斯·沃克》一信的导言。

作者还是原始资料之）等级化与圣徒化的每种类别都更有可能妨碍对过去的创造性的讨论，妨碍对文化遗产——对那些本雅明用来理解"生机勃勃的传统"①之物——富有成效的、着眼于现实的继承，还会使其破灭。因为，就像在电台演讲中所说的那样：何物被"典范性"地僵化了，它就"不再值得讨论"并且因此"如今在效果上徒然无用"②。最后，要点是：在这样一种分层模型中，会有两个事物错误地互相联系在一起。因为随着不断增加的历史距离，那种（也正由贡尔多夫隐含地假定的）"人与作者、私人与客观、人与物之间的区分"失去了"它的正当性"③。

这是一种在本雅明的知识分子传记中回溯至深远的思想。他在 1919 年的一封信中就已经展示了这一想法，即书信作为文学史和学术研究的原始资料被"低估"了，因为人们把它们与一个"完全歪斜的作品与作者身份的概念"联系起来。信函是"证明"，它们与（书写的或者接收的）主体的内在联系随着不断增长的历史距离而变得越来越无关紧要。作为这样的证明，它们属于"一个人之永生"的范围，这一永生凭借"它自己的历史"插入生活之中。对于之后的

① 布罗德森［编］：《德意志人》，120 页。
② 布罗德森［编］：《德意志人》，118 页。
③ 布罗德森［编］：《德意志人》，119 页。

读者而言，（"当单独的信件凭借与其创作者的关系可能在活力上受到损失时，"）信函集和书信往来"以特有的方式"增多了。在"最短的间隔"内相继读来，它们曾"客观地、从它们自己的现实生活中"改变自我。"它们以一种与收信人当时生活着的不同节奏生存着，并且一般确实发生了改变。"① 而差不多一年半之后，他做了必要的修正，但是实质上没有变化地写道："历史学家向过去"追溯得"越远"，所有低劣的"心理学"就越多地丧失"其功效"并且"事物、日期和姓名"越是"不受限制地"获得"其权利"，这一权利就必须仍然"不是纯粹语言学的"权利，"而是"能够"变成一种人的"权利。②

这些（能够）组建"人性之物"的"事物、日期和姓名"，在《德意志人》中或多或少是显而易见的——只是也是分散的，以至于人们得在双重词义上采集它们。这以读者的全神贯注并聪明智慧、同时还小心谨慎且具有直觉为先决条件，本雅明无疑对这样的读者也有所期待。他坚信，人们能够确实正确地阅读他的著作、认出他选集的"识别符号"并且相应地解释他的著作来展示其"真正的意义"③。

---

① 《书信集》卷 Ⅱ，47～48 页。
② 布罗德森［编］：《德意志人》，119 页。
③ 《书信集》卷 Ⅳ，442～443 页。

在《法兰克福报》的《书信》全系列之前言中，关于这种"真正的意义"是说：尽管它们有不同的历史性与事实性的关联，这些信函还是有"一个共同之处"，因为它们"在德意志的意义上"忆起了一种人文主义的立场，"越是片面地"怀疑那种诉诸"艺术与文学著作"的"德意志人文主义"，这一立场就越是持久地被记忆。[①] 然而，这些极其明确的话语成为了这些《书信》结集出版的牺牲品：这是出于策略性的理由，就像鲁道夫·勒斯勒尔曾表述的那样，是为了"不立刻"将"纳粹的审查"[②] 提上日程。对所有在这本书中与（三重意义上的）"真正的德意志人文主义"这一概念联系起来的关键词和释义的概览清楚地表明了，尽管有这种编辑处理，《德意志人》仍清楚明了地保持得足够多了。

首先，所有那些书信本身以及本雅明评论中的章节都在那里，它们一定程度上用否定的定义来表达术语。例如当格奥尔格·福斯特尔努力描述 1893 年革命的巴黎时的表述那样："盲目且狂热的愤怒、疯狂的党派信仰以及迅速的沸腾就是一切，这绝不会得到

---

① 布罗德森［编］：《德意志人》，107 页。
② 布罗德森［编］：《德意志人》，386 页。

理智而平和的结果。"① 或者像李比希在致普拉滕的信中②提及的"沙文主义"那样的概念，是在使人完全毫无防备时并且不带进一步解说地被提及的。另外，本雅明援引的格维努斯关于腐败的国家领导人的话语也从属于此，这些人"像梅特涅那样把他们的个人利益"置于公共福利之上。最后，人们同样能够这样看待那些"具有破坏情绪的人"和政治赌徒的言辞，这些人没有"对道德概念和法律概念的顾及"就登台表演。③

同样，有为数众多甚至为数更多的肯定性的释义支援这些否定性的释义。当编纂者不想一下子用太多东西打扰他的读者时，他只会逐渐透露，这种"真正的德意志人文主义"是什么意思，它如何让自己抽象地、概念性地、栩栩如生地表达出来——并且特别是：它在何处能被拾取。在此，一开始存在的是对一个资产阶级之英雄时代确切说来不显眼的提示，在那个时代中，思想与行动、言语与作为仍然彼此有一定的协调一致，换言之，在那个时代中仍然充满着伦理

---

① 参见本书中《格奥尔格·福斯特尔致他的妻子》一信。

② 参见本书中《尤斯图斯·李比希致格拉夫·奥古斯特·冯·普拉滕伯爵》一信的导言。

③ 参见本书中《克莱门斯·冯·梅特涅亲王致安东·冯·普罗科施-奥斯滕伯爵》一信的导言。

与道德等物。在哪里能找到这些价值呢？接下来，对原本收集的第一封信（利希滕贝格致阿梅隆）的评论给出了对此的答复。这段评论包含一个促使格斯霍姆·朔勒姆（Gershom Scholem）发表意见的段落，他说，这本"的确毫不含糊地'具有危害性的'"书籍在纳粹德国的确被即刻禁止了，但是其中只有一位审查员曾"有一次"想到过"这个主意"，要真正阅读这本书[1]：在那里写道，断念的、现实的和新鲜的新教或者说普鲁士精神，在像莱辛和利希滕贝格那样"坚定的散文作家"的文章中，比在"弗里德里希的武装力量"中，"更加纯粹、更富有人情地"展现了出来。[2]

接着，随后的 24 封信详细地说明了这种精神或者说这种立场，同样带着对"人性的条件与界限"的提示：在对约翰·海因里希·康德写给其兄伊曼努尔一信的评论中，这样写道，"在谈论人性的时候，不应忘记这间启蒙运动将其光明投射其中的中产阶级房间的狭小"[3]。那么，出于赋予"真正的德意志人文主

---

[1]　朔勒姆（Scholem）1980，234 页。

[2]　参见本书中《格奥尔格·克里斯托夫·利希滕贝格致 G. H. 阿梅隆》一信的导言。

[3]　参见本书中《约翰·海因里希·康德致伊曼努尔·康德》一信的导言。

义"一幅轮廓图这一目的，本雅明所呈现出来的，是一张概念和释义的图谱，它看起来就像是一本手册、一本人性的词典。从 A 到 Z 读来，它包含的关键词有正直、交谈、修养、对话、忠诚、洞察力、放弃、阅历、探索精神、自由、坦率、友谊、关怀、善良、力量、文化、狂热、爱情、同情、勇气、冷静、风格、兴趣、宽容、透明、可靠、独立、信念、清廉、不屈不挠、无瑕、理智、学识、刚正不阿和克制等。

这些就是本雅明之思想和创作终生担负义务的价值与概念。但它们主要是这位 1936 年的"德意志人"能够——并且应该——将其自身的生活现实、其日常的观察和经验与之相比较的价值与概念。也就是说，他不仅仅是被驱逐者，而且还是——甚至首先是——希特勒帝国的德意志人。在他本人看来，选集的某些暗示和图景被保留了，例如当在对裴斯泰洛齐一信的评论中谈及其本身决定了"忠诚爱国思想的高贵上扬"的"危险的歧路引导者"和"偏离正道"时，① 或者当戈特弗里德·克勒尔在其写给狄奥多·施笃姆的信中提到某些宣布德意志令人崇敬的民族叙事诗——"古老而独特的《尼伯龙根之歌》"——"已经

————————

① 参见本书中《海因里希·裴斯泰洛齐致安娜·舒尔特斯》一信的导言。

消亡从而将他时髦的怪婴推到前者的位置上"的"无赖"时。① 最后，当为了克服"局势的强迫"② 而把谋杀暴君作为手段加以考虑时：本雅明这样引证坚定不移、无可厚非并且"在一切危机中"毫不动摇的索伊默，"出于令人气愤的忠诚"，人们甚至能够变成强盗"并且从对付大臣"开始。③

《德意志人》的信函"从起首语到落款"几乎都是这种或者相似类型的"源源不断的倾吐"④。这一点适用于全部传统——假定，人们知道取其精华，弃其糟粕。因为对本雅明而言，还存在对"错误财富"的"追求"，即一种无区分的追求，一种无差别地力求合并每段历史的追求。这种追求不追问，鉴于"人类前进着的解放"或者说鉴于自身的当下，从那些总是成问题的证明那里，究竟是否能够获得"暗示"并且必要时能够从它们那里获得哪些"暗示"？在此，作为令人警醒的例子，本雅明对 18 世纪记忆犹新，它的

---

① 参见本书中《戈特弗里德·克勒尔致狄奥多·施笃姆》一信。
② 参见本书中《格奥尔格·福斯特尔致他的妻子》一信的导言。
③ 参见本书中《约翰·戈特弗里德·索伊默致他前未婚妻的丈夫》一信的导言。
④ 参见本书中《格奥尔格·福斯特尔致他的妻子》一信的导言。

探索精神首先针对"模仿"。不想普遍地否认，这样的"行动被置于其他历史关联中时"，能够有更为幸运的、也有可能"更为重要"的结果，然而本雅明深信，这样一种"对所有来自逝去的民族圈和世界纪元的作品之获取"没有开启和开辟历史性的视角。情况完全相反！当"对过去之财富的贪欲……越过所有限度"时，它可能要冒危险抛弃理智的历史讨论与经验的立足点，那么它就成为了浮现在法西斯主义者眼前之物：一种"强占传奇"的企图。① 与此相对地，本雅明赞同卡尔·古斯塔夫·约赫曼（Carl Gustav Jochmann）的一句格言，它比别的都更适于充当所有他收集并评论的著述的座右铭："'并非所有逝去之物都已失去。'（我们不需要重新制作它们。）'并非所有失去之物都未被取替。'（很多有了更加高级的形式。）'并非所有未被取替之物都无法弥补。'（很多从前有用之物如今已无用武之地。)"②

---

① 《著作与遗稿》卷Ⅱ（《文集》卷Ⅱ·2，581～582 页）。
② 《著作与遗稿》卷Ⅱ（《文集》卷Ⅱ·2，582 页）。

题　词

显　而　无　名

卓　而　无　华

尊　而　无　彰

前 言 *

导 言

这本册子中的二十五封书信涵盖了一个世纪的时段。第一封注明的时间是在 1783 年，最后一封是在 1883 年。按照时间顺序排列。此外还收录了下面这封信。这封信从本书所含的一个百年的中期出发，为观察资产阶级取得重要地位的这一时代的开端——即歌德（Goethe）的青年时期——提供了便

---

* 1931 年 4 月至 1932 年 5 月，《法兰克福报》（*Frankfurter Zeitung*）刊登了一系列由本雅明匿名挑选和点评的书信。其主要目的是在纳粹主义横行的德国人面前展示一个进步的、人道的、更好的德国资产阶级形象。1933 年，本雅明离开德国，开始流亡生涯。1936 年，这些信件在瑞士结集出版，作者的署名是德特勒夫·霍尔兹（Detlef Holz），以便进入纳粹德国图书市场。除特殊说明外，自此处至本书末尾的注释均为译者注。

利；通过写信的理由——即歌德的离世——还有助于观察这一时代的结束，当时资产阶级只是保住了地位，而没有保住他们曾用来占据这些地位的精神。这是一个资产阶级将其全新创造的、举足轻重的言辞放在历史的秤盘上的时代。然而除此之外很难再多说什么了，这个时代伴随着经济繁荣期（Gründerjahre）① 不光彩地走向了终结。早在下面这封信写就之前，歌德于 76 岁时在下述写给策尔特②的话中曾描述了这一结果的面貌："财富和速度是令世界赞赏、人人孜孜以求之物。铁路、邮政快递、蒸汽轮船和所有可能的联络设施就是文明世界超越自我并且由此保持中庸之道的意图所在……其实这是一个能力出色之人的世纪，是一个长于实干之人的世纪，他们拥有一定的精明，尽管他们自身不是最有才华的人，但还是觉

① 经济繁荣期（Gründerjahre 或 Gründerzeit）从 1871 年俾斯麦帝国建立起，至 1873 年经济大萧条止。这一时期在德国成立了大量公司和股票交易所，工业生产迅速发展，德国还大规模兴建和拓展了帝国铁路网。

② 卡尔·弗里德里希·策尔特（Karl Friedrich Zelter，1758—1832），德国音乐家、作曲家和指挥家。他于 1802 年与歌德相识后，与其结下了深厚的友谊，为歌德的大量诗歌谱曲。

得自己比大多数人都有优势。让我们尽可能地坚守我们来时的信念；我们——可能还会有其他少数几位——将会是一个不会很快重现的时代最后留下的人。"①

卡尔·弗里德里希·策尔特
致冯·穆勒首相

> 柏林，1832年3月31日

直至今日，最尊敬的先生②，此次我以这种方式才有机会能够对您最亲切的哀悼致以谢意。

期待之事、忧惧之事，必须要来。丧钟已经敲响。这位智者的存在就像太阳之于基遍③，因为看呐，这个

---

① 引文出自歌德1825年6月6日致策尔特的一封信，参见海因里希·德林［编］：《1768～1832年歌德书信集》（Heinrich Döring［Hg.］, Goethes Briefe in den Jahren 1768 bis 1832），莱比锡1837年版，370页。

② 弗里德里希·冯·穆勒（Friedrich von Müller，1779—1849），德国政治家，1815年起担任萨克森-魏玛-艾森纳赫大公国的首相，是歌德的好友。

③ 《圣经》典故。以耶路撒冷王为首的五个亚摩利国家联合出兵，攻打与以色列人签订合约的基遍城。约书亚得知后，带兵与基遍人合力将城外的联军击溃。他怕亚摩利人在夜下跑掉，就祷告："日头啊，你要停在基遍；月亮啊，你要止在亚雅仑谷。"于是日头停住，月亮止住，持续约一日之久，直到以色列人把敌人全部消灭。

人伸开四肢仰躺在地，当其身后尘世的力量竭力追求他们脚下的尘土时，他沿着赫拉克勒斯之柱①迈向了宇宙。

关于我自己，我能——对您、对您那里的所有人、对各地的人——说些什么呢？——正如他先我而去，如今我也在日益向他靠近，并将会赶上他，去永享那这么多年来陆续使我们之间三十六英里的距离充满乐趣和活力的仁慈的安宁。

眼下我有一个请求：请您不要停止，不吝给予我您友好的消息。您会判断出我可以知道什么，因为您熟知两个本质上一致的、即使在日常生活上看来彼此远离的知己密友之间从未受阻碍的关系。我就像一个失去了丈夫的孀妇，失去了她的主人和供养者！然而我不可以悲伤，我必须对他带给我的财富感到惊讶。我要保存这一珍宝并且将它的利息变成资本。

请您原谅，高贵的朋友！我的确不应该悲叹，然而那老去的双眼不听使唤，立场不坚定。但是我也看到过您的某次落泪，这不得不说明我的行为是可以理解的。

策尔特

---

① 希腊神话英雄赫拉克勒斯的十二壮举之一，是牵走巨人格律翁放牧在厄律提亚岛上的牛群。为了省事，他劈开了阿特拉斯山脉，打通了地中海和大西洋，创造了直布罗陀海峡。而今耸立在两岸的高山，被称作"赫拉克勒斯之柱"，曾被欧洲人看作世界的边界。

策尔特

卡尔·约瑟夫·贝佳斯（Carl Joseph Begas）约于
1827 年

目　录

歌德

格奥尔格·克里斯托夫·利希滕贝格[①]

致 G. H. 阿梅隆[②]

导　言

人们知道莱辛在其夫人去世后写给埃申堡的那封著名书信："我的妻子死了；现在我也有了这种经历。我很高兴，能够不会再有更多这样的体会；我也十分轻松。——而且，能够得到您和我们在布伦瑞克的其他朋友们的悼念，我感觉不错。"[③]——这就是全

---

① 格奥尔格·克里斯托夫·利希滕贝格(Georg Christoph Lichtenberg，1742—1799)，数学家，德国第一位实验物理学的教授，同时也被认为是德国第一位伟大的格言家。

② 戈特弗里德·希罗尼穆斯·阿梅隆(Gottfried Hieronymus Amelung，也作戈特希尔夫·希罗尼穆斯·阿梅隆[Gotthilf Hieronymus Amelung]，1741—1800)，德国牧师。

③ 戈特霍尔德·埃夫莱姆·莱辛(Gotthold Ephraim Lessing，1729—1781)，德国启蒙运动时期的著名诗人，其戏剧理论影响深远。约翰·约阿希姆·埃申堡(Johann Joachim Eschenburg，1743—1820)，德国文学史家，莱辛的好友。引文出自莱辛1778年1月5日致埃申堡的一封信，参见《莱辛全集》(*Sämtliche Schriften*)第18卷，莱比锡1907年版，262页。

文。利希滕贝格在不久之后出于类似的理由给一位年轻的朋友写了一封信，这封相比之下长得多的信也有这种出色的简练。因为利希滕贝格如此详尽地描述了那位他在家中迎娶的小姑娘的生活状况，如此深远地追溯了她的童年，而出人意料又令人震惊的是，他完全没有提及疾病，就在当中突然中断了叙述，就好像死亡不仅仅夺走了爱人，也夺走了记录下她回忆的那支笔。在一个日常风气中充满着多愁善感的气息、文学创作中充满着超越传统的作风的环境中，以莱辛和利希滕贝格为首的坚定的散文作家，比弗里德里希①的武装力量更加纯粹、更富有人情地展现了普鲁士精神。这种精神在莱辛那里表述为："我也想像其他人那样好好生活一次。但是这对我没有益处。"而它使利希滕贝格用了这样无情的措辞："医生们重新有所希冀

---

① 此处应是指弗里德里希二世(Friedrich Ⅱ.，1712—1786)，一译腓特烈二世，又称腓特烈大帝(Friedrich der Große)，普鲁士国王(1740～1786年在位)，军事才能卓越，统治时期大规模发展军力，扩张领土，使普鲁士成为德意志霸主。

了。但是在我看来，一切都过去了，因为我没有任何可以希望的资本。"①在这些信中注视着我们的那些被眼泪所侵蚀、因断念而干瘪的面容，是一种现实（Sachlichkeit）的证明，这种现实无须避免与新的现实做比较。相反：每出现任何一种现实，这些市民的举止都是新鲜的，并且对引文中和皇家剧院舞台上的十九世纪通过"经典作家"进行的掠夺无动于衷。

哥廷根，1783 年年初

我最亲爱的朋友：

我确实把这称为德国人的友谊，最亲爱的朋友。万分感谢您对我的想念。我没有及时回复您，上天作证，我的处境如何！您是——而且必定是——我向其坦诚一切的第一个人。去年夏天，收到您的上封信之后不久，我遭受了生命中经历过的最巨大的损失。我

---

① 前者引自莱辛 1778 年 8 月 9 日致德国女作家伊丽泽·赖马鲁斯（Elise Reimarus，1735—1805）的一封信，参见《莱辛全集》第 18 卷，284 页。后者应是引自利希滕贝格致迈斯特尔（A. L. F. Meister）的一封信，具体时间不详。

对您说的这些，想必<u>没有一个人</u>获悉。1777 年（这些 7 真的没有用），我结识了一位女孩，她是当地一个中产阶级家庭的女儿，当时大概 13 岁出头。虽然我已经见过很多姑娘，但是这样一位美丽和温柔的典范，我在生活中还从未见过。我第一次见到她时，她正在一个还有其他五六个人的团体里，跟本地的孩子们一样，在城墙上向过往的行人兜售鲜花。她给了我一束花，我买了下来。我身边有三个在我那里吃住的英格兰人。其中一个人说，万能的上帝啊，这是一个多么漂亮的女孩。我同样注意到了这一点，因为我知道，在我们这个小镇里有某种罪恶的行径，所以我认真地考虑，使这位出色的造物主的宠儿摆脱这样一种商业买卖。最后，我单独与她谈了一次，邀请她去我家拜访我。她说，她不去小伙子的房间。但是当她听说我应该是一位教授时，她和她母亲一起在某天下午来了我这里。总之最后，她放弃了卖花，整日在我那里。这时我发现，在这个出色的身体里恰好住着一个我寻觅已久、却从未找到的灵魂。我给她上写作和算术课，并且教给她其他知识，这些知识逐渐培养了她的理解力，但没有把她变成一个敏锐的时装追求者。

利希滕贝格

H. 施文特勒（H. Schwenterler）绘

我的一件花费了 1500 多塔勒的物理仪器，最初以其光彩照人诱惑了她，而最后其使用成为了她唯一的话题。那时我们的交往达到了顶峰。她很晚离开，白天又再次到来，整天关心的就是保持我的物品——从领带到气泵——整洁，而且带着一种如此美妙的、我之前从未设想过其可能性的温柔。结果就是——这您大概已经猜到——从 1780 年复活节起，她完全待在了我这里。她对这种生活方式的兴趣是如此难以遏制，以至于她除了去教堂和吃圣餐，连楼梯也没有下过一次。没有办法挪动她。我们长久地待在一起。当她在教堂时，我就仿佛把我的眼睛和我的所有知觉都赶走了。——总之，在没有神父祝福的情况下（最好、最亲爱的朋友，请原谅我的这一措辞），她是我的妻子了。可是，我无法不带着最深的感动注视着这位接受这样一种关系的天使。她为我奉献了一切，而且也许完全感受不到这事的重要性，这让我难以承受。于是，当朋友们在我这里用餐时，我让她一同坐在桌边，我完全给她她的地位所需的衣着，并且每天越来越爱她。我真正的意图是，在世界面前也与她保持联系，那时她开始逐渐让我不时地想到这个世界。啊，我的上帝啊！这位天使般的姑娘在 1782 年 8 月 4 日傍晚伴随着落日在我眼前逝去。我找了最好的医生，做了所有一切，这个世界上的所有一切。请您想一想，最亲爱的朋友，也请您允许我在此停笔。我无法再继续下去了。

G.C. 利希滕贝格

约翰·海因里希·康德

致伊曼努尔·康德

导　言

　　为了恰当地感受下面这封信中的思想，我们不仅必须牢记波罗的海地区一个牧师家庭的赤贫——这个家庭的收入只比其债务多一点点，还有着四个孩子；而且必须牢记这封信寄往何处：伊曼努尔·康德(Immanuel Kant)[①]在护城河边的家。在那里，没有人找到过"贴着墙纸或者被粉刷得很美丽的房间、油画藏品、铜版画、丰富的家用器具、豪华的或者稍微有点价值的家具——甚至连一间对一些人而言只不过是一件家具而已的图书室都没有；此外，在此也不用考虑费用昂贵的娱乐旅行、驱车游玩以及之后几年任何形式的消遣等等"。当人们走进屋子时，

-----

　　① 伊曼努尔·康德(1724—1804)，德国哲学家，家境贫寒，终身未婚，从未离开过出生地柯尼斯堡。

"一种安宁的寂静就这样笼罩着。……当人们走上楼梯……经过左侧一间十分简朴、毫无装饰、部分被烟熏黑了的前厅后进入一间大一点的房间，虽然它意味着最好的房间，但没有展现任何豪华之处。一张沙发，几把套着平纹亚麻布的椅子，一口摆放着一些瓷器的玻璃柜，一张放着他的银币和攒起来的金币、包括一支温度计和一个蜗形腿台桌的办公桌……这就是所有的家具，它们挡住了一部分的白色墙壁。就这样人们穿过一扇简陋的门进入到同样简陋的无忧宫（Sanssouci）①，敲门后伴随着一声愉悦的'请进！'被邀请入内。"这也许就是那位将这封信带去柯尼斯堡的年轻大学生曾经历的。毫无疑问，这里充满了真正的人性。跟所有尽善尽美之物一样，这同时也意味着这类完美表现的事物被赋予的一些条件与界限。人性的条件与界限？当然，看起来，它们被我们同样清楚

---

① 无忧宫是普鲁士国王弗里德里希二世于1745～1747年亲自参与设计的大型避暑宫殿，位于德国波茨坦。

地望见，就像另一方面，它们把中世纪的生存状况（Daseinsstände）衬托得分外鲜明一样。如果说中世纪将人类置于宇宙的中心，那么现在宇宙对我们而言，无论是在工作还是在生活上，都是成问题的。凭借新的研究手段和新的知识，它已经由内而外被炸得粉碎，它与自然界中无数的要素、无数的规律性紧密相连，从中我们的形象也同样处于最彻底的转变中。现在我们回顾启蒙运动，对其而言，自然规律并没有一处与自然界中一种可理解的秩序相矛盾。启蒙运动从规章制度的意义上理解这一秩序，它让臣民们依次列队进入箱子、让科学进入格层、让个人家当进入小盒，但是，为了凭借理智天赋将人类从万物中单独凸显出来，它把人类视为智人（homo sapiens）置于其中。如此这般就是人性施展其巨大功能的狭隘偏颇之处，没有它，人性注定要缩减。倘若这种稀少且受限的存在与真正的人性之间的彼此依赖在哪个地方都不比在康德（这一位标记了学校教员与平民保民官①之间不偏不倚的中心位置)那里显露得更为明确的话，那么弟弟的这封信表明，那些在这位哲人的著述中转变为思想意识的生活体验，如何深深地扎根于大众之中。② 总之，在谈论人性的时候，不应忘记这间启蒙运动将其光明投射其中的中产阶级房间的狭小。与此同时，那些康德与其兄弟姐妹的关系所依据的、更为深刻的社会条件，同样展现了出来——他给予他们的关怀照料，尤其是他这种不可思议的坦诚，凭此他让人知晓了他作为遗赠人的打算和在他生前就给予他们的其他帮助，以至于他没有让任何一位他的兄弟姐妹"和他们的为数众多的孩子——其中的一部分已经又有了孩子——受贫困之苦"③。而且，康德还补充

---

① 罗马共和国时期的一种政治职务，由平民会议选取产生，职责是保护人民反对行政长官发布的命令。

② 约翰·海因里希·康德(Johann Heinrich Kant，1735—1800)，伊曼努尔·康德的弟弟，自 1781 年起在库尔兰(Kurland，今拉脱维亚共和国西部地区)的阿尔特阿登(Altrahden)担任牧师。

③ 引文出自康德 1796 年 12 月 17 日写给弟弟约翰的一封信，参见《康德全集》第 12 卷，柏林/莱比锡 1922 年版，140 页。

说，他将会继续下去，直至他离开这个世界，那么希望那时还有一些但愿并非微不足道的东西将会留给他的亲属和兄弟姐妹。这就可以理解，侄子和侄女——就像在这封信中——之后也与尊敬的伯父"在纸上……紧紧依偎"。虽然他们的父亲已经于1800年先于这位哲人去世，但是康德将原本准备赠予他弟弟的遗产留给了他们。

阿尔特阿登，1789年8月21日

我最亲爱的哥哥：

我们在彼此完全没有信件往来多年后，重新互相靠近，这想必不是没有道理的。我们俩都老了，没多久我们中的一位就会永别人世。那么，我们俩重拾对过去那几年的纪念，也很合理。不过前提是，将来，我们偶尔(尽管会很少发生，但只要不是过了几年甚至五年多就好)告诉彼此我们过得怎样，我们该怎么做(quomodo valemus)。

自从我摆脱学校的枷锁，八年来，作为农区的业余老师，我仍然生活在我阿尔特阿登的牧师宅院里，我用我的农田简单而又满足地来养活我和我正直的家庭：

农夫是天生的、对哲学规则一窍不通但朴实无华的哲人（Rusticus abnormis sapiens crassaque Minerva）。[1]

我与我贤良可敬的妻子幸福热诚地相处，而且我很高兴，我的四个受到良好教育的、听话顺从的孩子满足了我那几乎可以确定的期望，即他们将来会成为勇敢正直的人。我对于在确实十分艰辛的工作之余还要独自担任他们的老师并无不满，对在这个荒僻之地的我和我的妻子而言，对我们可爱的孩子的这种教育工作弥补了社会交往的缺失。这就是目前我始终结构单一的生活的速写。

好吧，最亲爱的哥哥！就算如你一直所愿的那般简洁（作为学者和作家不触犯公共利益[ne in publica Commoda pecces]），还是请让我知晓你迄今为止的健康状况，以及它现在如何，作为学者你对这个世界和后世的启蒙有何打算。还有，告诉我，我仍在世的亲爱的姐妹们与她们的家人过得好吗，我已故的、可敬的、如父亲般的里希特叔叔唯一的儿子过得好吗。我

———————

① 古罗马诗人贺拉斯的拉丁文谚语。

伊曼努尔·康德

戈特利布·多布勒(Gottlieb Doebler)绘

很乐于为你的信支付邮资，而且它可以只需要一张八开纸就行。瓦特索还在柯尼斯堡，他肯定已经拜访过你了。没有错的话，他不久后会再次回库尔兰。这位可以给我捎来一封你的信，一封我这般满怀渴望希望着的信。

那位将这封信交给你的名叫拉波斯基的年轻人，是拉德茨维拉地区一个小城市比尔森的一位可敬的、正直的波兰改革主义传教士的儿子，他作为奖学金获得者去奥德河畔的法兰克福求学。哦！现在已经足够了！(Ohe! Jam satis est!)愿上帝仍然长久地保佑你，也愿他不久后从你手中给我带来令人愉悦的消息，即你生活得很健康、很满意。我怀着最诚实的心、绝无敷衍之意地以此落款：你的真诚地爱着你的

弟弟

约翰·海因里希·康德

我亲爱的妻子如姐妹般地拥抱你，并且对你几年前派到她这儿来的保姆再次衷心致谢。现在轮到我亲爱的孩子们了，他们无论如何想要在这封信中依次出现。

（年纪最大的女儿执笔：）

是的，尊敬的伯父先生，是的，亲爱的姑母们①，无论如何我们想要你们知道我们的存在，喜欢我们并且不要忘记我们。我们，亲笔签名的我们所有人，将会衷心地爱着你们，尊敬你们。

阿玛莉·康德

米娜·康德

弗里德里希·威廉·康德

亨里埃特·康德

---

① 应该是指康德兄弟的两位生活在柯尼斯堡的姐妹。——作者原注

格奥尔格·福斯特尔

致他的妻子

导　言

　　当 1792 年法国人进驻美因茨时，格奥
尔格·福斯特尔是当地选帝侯图书馆的管理
员。[1] 他当时三十多岁。在他身后是一段丰
富多彩的人生：他在少年时就跟随他的父亲
参加了 1772～1775 年库克（Cook）[2] 的环球

---

　　[1]　约翰·格奥尔格·亚当·福斯特尔（Johann Georg
Adam Forster，1754—1794），德国启蒙运动时期的博物学家、
旅行作家和革命者。1792 年，奥地利、普鲁士、西班牙、萨丁
尼亚、那不勒斯王国和大不列颠等国家结成第一次反法同盟，
与法国开战。同年，拿破仑率军占领了包括美因茨在内的莱茵
河沿岸地区，福斯特尔加入了美因茨雅各宾派俱乐部并且领导
美因茨共和国（Mainzer Republik，1793 年 3 月～1793 年 7 月）
的成立工作。1793 年 3 月，他作为德国历史上第一个按照民主
原则选举产生的议会"莱茵-德意志国民议会"（Rheinisch-Deu-
tsche Nationalkonvent）的代表之一，前往巴黎，为其递交并入
法国国民议会的申请。7 月底，普鲁士联合奥地利重新夺回了
美因茨，宣布福斯特尔为被放逐者。他被迫在巴黎滞留，直至
次年 1 月因肺炎去世。
　　[2]　詹姆斯·库克（James Cook，1728—1779），英国航海
家和探险家，前后进行过三次环太平洋航行。

航行，也是在少年时就通过翻译工作和临时工作感受到了生存斗争的艰辛。接下来，在奔波在外的漫长岁月里，福斯特尔就像比格尔(Bürger)、荷尔德林(Hölderlin)或者伦茨(Lenz)这些人一样深刻地认识了他所处时代德意志知识分子的困苦。① 但是他的困境不是随便哪个小官邸里的家庭教师的困境，他的舞台是在欧洲，因此他命中注定几乎是唯一一位从根本上去理解欧罗巴对现状之答

---

① 戈特弗里德·奥古斯特·比格尔(Gottfried August Bürger, 1747—1794)，德国狂飙突进时期的诗人，以民谣见长。约翰·克里斯蒂安·弗里德里希·荷尔德林(Johann Christian Friedrich Hölderlin, 1770—1843)，德国最著名的诗人之一，他的文学理念在19世纪初的德国文坛自成一格(参见 p. 57 注释①)。荷尔德林从图宾根大学神学院毕业后，当过家庭教师。1798年，因为与雇主发生争吵，被迫离开法兰克福，住在附近的洪堡，试图创办期刊《伊杜娜》(日耳曼神话中的青春女神)并创作悲剧《恩沛多克勒斯之死》。后因情场失意，他身心交瘁，处于精神分裂状态。1801年又先后在瑞士和法国做过家庭教师，期间创作了一些挽歌和赞歌，次年徒步回到故乡斯图加特，精神失常。1804年回到洪堡从事图书管理员工作。1806年被迫进入图宾根精神病院接受医治。1807年起，他的精神完全错乱，生活不能自理。作品有诗歌《自由颂歌》《人类颂歌》《致德国人》《为祖国而死》等。雅各布·米歇尔·莱茵霍尔德·伦茨(Jakob Michael Reinhold Lenz, 1751—1792)，德国狂飙突进时期的著名作家。

复——这一答复由这些现状所推动——的德国人。他以美因茨城代表的身份在 1793 年去了巴黎，并在德国人重新夺回美因茨而且将他驱逐从而阻断了他的回国之路后，在巴黎待到了 1794 年 1 月去世。人们有时从他在巴黎写的信件中挑选段落编辑出版。但是，如此所为收效甚微。因为，不仅这些信作为一组在德国书信文学中几乎找不到同类的信函系列是一个统一体，而且几乎每封单独的信件都是一个整体，从起首语到落款都是源源不断的、来自一种直至生命边缘之完满体验的倾吐。在当时，像福斯特尔那样的人很难领会革命自由为何物以及它如何深深地依赖于贫困，没有人像他那样表述："我再也没有家乡、没有祖国、没有亲朋好友，所有之前眷恋着我的一切，为了接受别的关系都弃我而去。而当我思及过去并且还自认为与此相关时，这纯粹就是我的选择和我的想象力，而非局势的强迫。我命运中美好幸福的转变能够给予我很多；糟糕的那些无法从我这里夺走一切，除了当我无力再支付邮资时，夺走我写这些信的乐趣。"①

巴黎，1793 年 4 月 8 日

我的爱人，为了给你写信，我不再等待你新的来信。但愿我知道，你是心平气和的。我对有可能降临在我身上的一切完全从容不迫、保持镇静。首先，因为美因茨被封锁了，为此并非所有一切都丢失了。只是，如果我永远无法再看到我在那里拥有的一切中的一张纸，那么它们就不应当扰乱我。这次失败最初令人痛苦的印象已经过去了，在我通过屈斯蒂纳(Custine)②

---

① 引言出自福斯特尔 1793 年 7 月 7 日致其妻子的一封信，参见古斯塔夫·朗道厄［编］：《法国大革命时期之信函》(Gustav Landauer［Hg.］, *Briefe aus der französischen Revolution*)第 2 卷，法兰克福 1922 年版，262 页。福斯特尔的妻子特蕾泽·海涅(Therese Heyne, 1764—1829)，德国女作家，18 至 19 世纪德国所谓"大学小姐团"(Universitätsmamsellen，指当时一群哥廷根大学教授之女，她们都从事那时对女性而言还不普遍的文学和学术工作)的一员。她于 1785 年嫁予福斯特尔为妻。1792 年 12 月，她带着孩子离开美因茨前往斯特拉斯堡以躲避战火，之前她已开始着手与福斯特尔办理离婚手续。1794 年，在福斯特尔于巴黎病逝三个月后，她嫁给了他的好友、德国作家路德维希·费迪南·胡贝尔(Ludwig Ferdinand Huber, 1764—1804)，改称特蕾泽·胡贝尔(Therese Huber)。

② 指在 1792 年率军攻占美因茨的法国将军阿达姆·菲利普·德·屈斯蒂纳(Adam Philippe de Custine, 1740—1793)。

福斯特尔

J. H. W. 蒂施柏恩（J. H. W. Tischbein）绘

有了举措去尽可能地解救任何能够被解救之物后，我现在不再想它。倘若我只是忠于我自己，那么我确实想要为你们如此努力工作，从而使得不久之后一切都能得到弥补。然而，我微薄的财产价值不多于300卡洛林（Carolin）①，因为那些我花费在纸张、图画和书籍上的钱，我完全不想去计算。我身处这个地球上的小地方，在这里，有点儿劳动的良好意愿与能力的人不必为面包而担心。我的两位同来的代表已经在此更加感到身体不适。在此期间我们还是拿到了餐费，直到我们以另一种方式得到照料。长久以来我已经试图让自己习惯于日复一日地生活，并且不再试图去酝酿乐观的希望；我觉得这在哲学上是真实的，并且正在其中取得进步。我也相信，如果我们在此不错过任何使我们得以脱身和保障我们处境安全的事物，那么这就是我们还能够始终带着风度且独立地保有的唯一之物。

一切在远处看上去与人们在更近距离下观察到的不同。在此，我心里不禁格外想到这句老生常谈。我依然坚定地眷恋着我的原则，只是我觉得只有极少数

---

① 德国金币的货币单位。

的人忠于它们。盲目且狂热的愤怒、疯狂的党派信仰以及迅速的沸腾就是一切，这绝不会得到理智而平和的结果。一方面，我发现了没有勇气和力量的洞见与天赋；另一方面，我发现了一种物理能，它由无知所引导，只在那些症结必须真正被击碎之处才有所裨益。人们往往应该解开这个结，但是却击碎了它。一切都处在极端中。我当然并不认为敌人会获得成功，但是如果必须始终彻底反抗的话，民族最终也会变得疲惫不堪。这取决于，谁忍受得最持久。如果法国现在不贯彻它的意图，那么欧洲的专制就不得不变得完全令人无法忍受，这一想法总是令我如此愤慨，以至于我能够不隔离于所有对道德、法律和正义的信仰之外去看待它，并且比起有可能看到那个希望的破灭，我宁愿对所有这一切都不抱希望。镇静的头脑在这里是少数，或者他们隐藏了起来。民族是——它过去始终是——轻率且多变的，缺乏稳固性、缺乏温情、缺乏爱、缺乏真理：只不过是大脑和幻想，没有心灵和知觉。它用这一切完成创举，因为正是这种令人战栗的狂热给了他们（法国人）永远的骚动和所有高尚倡议的光亮，但是那里存在的只是观念的狂热而非对问题的感觉。

我还没有去过剧院，因为我太晚去用餐，以至于难得能这样做；这也不怎么让我感兴趣，迄今为止的剧目并没有吸引我。也许我还要在这里再待一段时间，也许人们让我去一间办公室工作，也许人们把我送回去。我对一切都保持镇定，对一切都做好准备。这就是我所处境地的优势，在这里我不再被束缚于任何事物，除了我的六件衬衣，我对世界上的其他任何事物都无须再在意。只是我唯一的烦恼是，我必须让所有一切都视命运而定，我很乐意这么做，因为归根结底，人们在这种对命运的信赖中并不会感到不适。我再一次愉悦地看到了树木的第一抹绿色，对我而言，这比花朵的白色要动人得多。

萨穆埃尔·科伦布施

致伊曼努尔·康德

导　言

我们拥有一幅萨穆埃尔·科伦布施
(Samuel Collenbusch)[①]在 1798 年时的小型
肖像画。一位中等身材的消瘦男子，白色卷
发上戴着一顶丝绒小帽，没有胡子，鹰钩
鼻，亲切地张开的嘴唇和硬朗的下巴，脸上
有曾经治愈了的天花的痕迹，双眼由于灰白
的白内障而失去光泽——这位先生在去世前
五年看上去就是如此。他最初生活在杜伊斯
堡，后来在巴尔门，最后在格玛尔克[②]，也
就是写下下面这封信的地方。作为一位医生
而非牧师，他是虔信主义(Pietismus)在伍珀

[①]　萨穆埃尔·科伦布施(1724—1803)，德国圣经学者和
虔信派的重要代表，代表作是根据其遗物整理而成的三卷本著
作《圣经真理之解说》(*Erklärung biblischer Wahrheiten*)。

[②]　巴尔门(Barmen)和格玛尔克(Gemarke)是两个区，现
属于德国伍珀塔尔(Wuppertal)。

塔尔最重要的领导者。他思想上的影响力不仅在口耳相传中发挥作用，也体现在大规模的书信往来中，这些信的典型风格就是交织充斥着古怪的细节。比如说，就像在那些他在乡间广为流传的高谈阔论中一样，他也在信件中用特殊的线条，把在上下文中被划出的特定话语与另一些同样被划出的话语联系起来，而这两者间没有最起码的相互关联。我们有七封科伦布施写给康德的信，但是其中大概只有极少一部分被寄了出去。下面这封信是这个系列的第一封，它寄达了康德处，但是据我们所知，并没有得到康德的回复。此外，这两位是严格意义上的同龄人。他们都出生于 1724 年。科伦布施先于康德一年，于 1803 年去世。

1795 年 1 月 23 日

我亲爱的教授先生：

希望使心灵愉悦。

我不会为了一千吨金子而出售我的希望。我的信仰令人惊讶地企盼着上帝的许多美好之物。

我是一个年迈的 70 岁的男人，我已近乎失明，作为医生我断定自己将在短期内彻底失明。

我也并不富有，但是我的希望是如此伟大，以至于我不想同任何皇帝交换。

这种希望使我的心灵愉悦！

今年夏天我让自己朗读了好几次您关于道德与宗教的著作，我无法说服自己相信，您在那里所写的果真就是您的真实想法。一种毫无希望的信仰和一种毫无爱意的道德，这是学者共和国中的一个奇特现象。

这样写的最终目的，也许是一种用那些习惯性地对所有罕见之物感到好奇之人他们的偏好取悦自我的兴致。我站在一种满怀希望的、凭借完善自我与他人的爱而活跃着的信仰这边。

在基督教信仰中发挥效力的不是规条、不是割礼也不是包皮这些事（《加拉太书》第 5 章）、不是修道院、不是弥撒、不是朝圣、不是食用鱼类等等。我相信约翰在《约翰福音》第 4 章第 16 节所写的：上帝就是爱，住在爱里面的人，就是住在上帝里面，上帝也住在他里面。

上帝就是令其所创造之理性万物变得更好的爱，谁保有这种对上帝和对改善他人之爱的信念，谁就会从上帝那里在今世通过教会的恩赐(《以弗所书》第1、3、4章)并且在来生通过个人的荣耀和富有的遗产得到回报。我的理智和我的意愿绝对不能用一种毫无希望的信仰替换这种充满希望的信仰。

我很遗憾，I. 康德今世和来生都对上帝无所希冀，我对上帝的许多美好之物怀着希望。我祝您有同样的想法，并且坚持带着尊敬和爱成为

您的朋友和你的

萨穆埃尔·科伦布施

格玛尔克，1795 年 1 月 23 日

附言：

《圣经》是这种爱——它令其所创万物变得更好——的一个逐步的、上升的、与自我相合的、连续的、完整的计划。比如：我将死者的复活视为上帝令其所创万物变得更好之爱的一种发挥。

我对此高兴地盼望着。

海因里希・裴斯泰洛齐

致安娜・舒尔特斯①

导 言

　　根据传闻，裴斯泰洛齐可能表达过一个
愿望，即除了一块粗糙的荒野乱石外，在他
的墓地上不应再设其他的墓碑，这块石头也
只是一块粗糙的荒野乱石而已。裴斯泰洛齐
并不愿使自然变得更好，而是以人类的名义
要求它——就像这块荒野乱石一样——静止
不动。而这也是下面这封信的原本意图：制
止人类名义下的狂热。就像表面上看来完全
出于本能的杰出成就常有的情况一样——而

---

　　①　约翰・海因里希・裴斯泰洛齐(Johann Heinrich Pesta-
lozzi，1746—1827)，瑞士教育家、教育和社会改革家，提出了
教育心理化和要素教育的主张，倡导德育和实物教学，为近代
教育理论的发展做出了重要贡献，被誉为欧洲"平民教育之
父"。本雅明选取的下面这封信，其收信人安娜・舒尔特斯
(Anna Schulthess，1738—1815)于1769年在她父母的反对下
嫁予裴斯泰洛齐为妻，之后她一直帮助丈夫管理其创办的儿童
之家和孤儿院的经济并且负责照顾孩子们的生活起居，她的育
儿方式给了裴斯泰洛齐不少启示。

且下面这封信属于德意志文献中最出色的情书——这一杰出成就也是一场与榜样的争论。但对裴斯泰洛齐而言，典范性的是洛可可时期之美好灵魂与孩童的一半受虔诚主义鼓舞的、一半有田园牧歌派头的宗教信仰。他让田园—牧师书信（pastorale Briefe）的双重意义①在此竞赛，当然，他没有不与这种类型的经典尺牍——在这封信写就前六年出版的卢梭（Rousseau）的《新爱洛伊丝》（Nouvelle Héloise）②——划清界限。"卢梭出版的著作"，他于 1826 年还在自传中这样说，"是偏离正道——当时忠诚爱国思想的高贵上扬将我们优秀的年轻人带到这上面——的出色兴奋剂。"但是除了通过转而反对"危险的歧路引导者"而得到解决的文体问题外，私人问题也不能被忽视，它在此要化解爱情策略。这涉及在写信时赢得了昵称"你"（du）

---

① "Pastorale Briefe"既可作"田园诗"，又可作"牧师写给教区居民的公开信"。

② 这部小说主要用五位主人公彼此间的通信为基本描写手法构成。

的使用权。这封信的后半部分登场的牧羊女多丽丝的理想形象为此服务。她必须暂时占据收信人的位置，因为裴斯泰洛齐第一次使用了"你"这一称呼。关于这封信的结构就是这些。但是除此以外，有人会忽视，在这里可以找到关于爱的句子——尤其是关于爱的处所的句子——这些句子在耐用性方面能够与荷马的语言匹敌。如今，简单的语词不再一直出现，就如人们乐于相信的那样，它们更多的是从简单的头脑中——裴斯泰洛齐的头脑可不比其他人的简单——历史性地形成。因为就像只有简单之物才有持续的希望，所以反过来说，最高程度的简单只能是这种持久的产物，裴斯泰洛齐的文章也分享了这种持久。因此其《全集》的主编可以这样说，"时光越是前行，裴斯泰洛齐作品就变得越为重要"。他是不仅通过宗教和道德，而且尤其通过经济考量来使教育与社会状况相适应的第一人。在此他也大大超越了他所在的被卢梭所统治的时代。因为当卢梭将自然视为至高无上之物来赞扬和传授、通过它来重新建立社会时，裴斯泰洛齐则将令社会毁灭的利己主义归于其名下。但是，比起裴斯泰洛齐的学说，他本人在思考和行动中不断为学说发现新颖的应用场所更加无人能媲美。他的言语为何难以预料地反复被修饰所打断，这一现象的不可穷尽的根源刻画出了他的形象——该形象与他的第一位传记作者对他的怀念之间有最深刻的联系："他像火山般照亮远方，引起好奇者的注意、仰慕者的惊讶、观察者的研究精神和若干大陆上博爱主义者的兴趣。"这就是裴斯泰洛齐：火山和荒野乱石。

如果一位圣洁的修士在罗马教堂虔诚的椅子上向一位姑娘伸出他的手，而没有用他僧袍粗糙的料子遮住它的话，那么他就必须忏悔；如果一个小伙子同一位姑娘谈论亲吻，而没有给出或者接受一个吻的话，那么他也必须合理地忏悔。我的姑娘没有发怒，对此我同样忏悔。因为倘若看到小伙子配得上她爱着他的信念，姑娘虽然不会生气，但是倘若小伙子只是谈论亲吻，那么姑娘定然会有些生气。因为人们当然不会亲吻他们爱着的每个人，而姑娘们的亲吻显然只是留在她们女朋友们的嘴上。如果小伙子试图引诱姑娘接吻的话，这就是一个巨大而严重的罪过。如果他试图引诱一个特定的姑娘尤其是一个他爱着的姑娘如此的话，罪过是最大的。

小伙子也绝不应该想着同所爱的姑娘单独见面。纯洁无害之爱的所在之处是喧哗的聚会和不保险的旅馆房间，为了情人的短暂停留而保留着"茅草屋"的人完全是危险的歧路引导者，因为茅草屋周围是偏僻的道路、森林、田野、草地、成荫的树木和湖泊。空气在那里是如此纯净，呼吸着愉悦、幸福和爽朗：在那里姑娘要怎样能够抵挡她爱人的罪恶之吻？不，一位朴实的小伙子想要见他爱人的地点在城市的中心。一个炎热的夏季晚上，他就在发光的瓦片下，在一间空气污浊的房间里，等待着他的爱人，在那里城墙堡垒迎着微风籁籁作响的声音屹立着。暑气、水汽、人群和恐惧让他保持着正派而庄重的平静，在那里经常随之出现对最巨大的美德、一种在乡下闻所未闻的美德的证明：小伙子当着他心爱之人的面开始打瞌睡了。

为此我应该忏悔，因为我向往过单独的散步和亲吻。但是我是一个卑鄙无耻的罪人，我的姑娘知道我

裴斯泰洛齐夫妇在给孩子们上课

的忏悔大概只能称为虚伪的忏悔而且也许不希望再有其他。对此我不想忏悔，如果多丽丝生气的话，我也会生气，然后对她说：

"我做了什么？你的确夺走了我的信并且未经许可读了它，它不是你的信。难道我不能给自己写信，如我所愿般书写和梦想着亲吻吗？你肯定知道，我没有给出一物，我没有偷走一物。你肯定知道，我并不勇敢。只有我的笔是勇敢的。当你的笔和我的笔起了争执时，那么就让你的笔写，让它用纸面上的谴责惩罚我笔墨上的勇敢。但是整场争论与我们毫不相干。如果你愿意，让你的笔对我的笔发火吧。但是不要再逼得你的脸长出生气的皱纹了，而且不要让我再像今天这样离你而去。"

我很荣幸，有礼仪地、最顺从地向您告别并且终身做

您最听话的奴仆

H．P．

约翰·戈特弗里德·索伊默

致他前未婚妻的丈夫

导　言

坚定的目光和变革的意识在德国文学史论坛面前历来需要一个借口：年轻人或者天才。不具备这两者中任何一个的人——像福斯特尔或者索伊默①那样男子气的而且严格意义上平淡乏味的人——从来没有成为一个更胜于大众文化的边缘中朦胧之人的存在。显然，索伊默不是一个伟大的诗人。但是将他与其他许多在德国文学史上占据显著位置的人区分开来的并不是这一点，而是他在一切危机中无可非议的态度与他的坚定性，凭借这种坚定不移，索伊默——因为他当时曾被黑森的征兵者强行带去军队——在脱下军装很久之后，仍在他的生活方式中随时表现

---

① 约翰·戈特弗里德·索伊默(Johann Gottfried Seume，1763—1860)，德国作家和诗人，最著名的代表作是《1802 年徒步去锡拉库萨》(*Spaziergang nach Syrakus im Jahre 1802*)。

得像一位善战的公民。就像在台尔海姆(Tellheim)①那里一样，人们定然可以在索伊默那里很好地看到"正直之人"是怎样理解十八世纪的。只是在索伊默看来，军官的名誉与强盗的名誉相距不远，就像他的同时代人在《里纳尔多·里纳尔蒂尼》(*Rinaldo Rinaldini*)②中向强盗致敬那样，以至于他在步行去锡拉库萨(Syrakus)③的途中能够坦言："朋友，如果我是那不勒斯人，我就会身处这样的诱惑中：出于令人气愤的忠诚去当强盗并且从对付大臣开始。"在这次徒步中，他克服了与唯一一位较为亲近的女士之间的不幸关系所带来的影响，他从未曾走近过这位女子，而她以一种伤人的方式招来了一位男子——就是下面这封信写给的那位——对

---

① 莱辛的著名喜剧《明娜·冯·巴尔赫姆》(*Minna von Barnhelm*)中的男主人公。

② 克里斯蒂安·奥古斯特·符尔皮乌斯(Christian August Vulpius，1762—1827)于1798年出版的小说，是德国强盗小说的代表作。

③ 西西里岛上的一个城市。

其取而代之。他在描写攀登巴勒莫（Paler-mo）①附近的裴洛里诺（Pelegrino）时偶然叙述了这一克服是怎样发生的。在大步前行中，他在沉思后把有着这位女士画像的护身符扯了出来，这些年来他从来没能与这个护身符分开过。但是当他手指尖拿着这个护身符时，他突然发现它已经破碎了，所以他将这个东西连同托座一起扔下了深谷。这就是这一伟大的、真正塔西陀式的、他在其代表作的这一位置上为其爱情竖立的铭文的动机："倘若是从前我会跟在她的小肖像画后面跳下去；即使现在我还有可能会跟在原物后面跳下去。"②

我的先生：

我们互不相识；但是落款会告诉您，我们彼此并非完全陌生。我与您夫人原来的关系对您而言可能、应该并且想必不是未知的。也许您已经并无不适地事

---

① 西西里首府，位于西西里岛西北部。

② 引文出自索伊默的《1802 年徒步去锡拉库萨》，参见阿道夫·瓦格纳［编］：《索伊默全集》（Adolph Wagner［Hg.］，*Sämmtliche Werke*），莱比锡 1835 年版，150 页。

索伊默

法伊特·汉斯·施诺尔·冯·卡罗斯菲尔德（Veit

Hanns Schnorr von Carosfeld）绘于 1798 年

先认识了我。我没有妨碍任何人的幸福。正如您力有不逮那样，我也无法断言这位女士是否完全好好待我；因为我们俩都不是无关紧要的人。我很乐意赠予并且祝愿您幸福，我的心从不曾给过他物。事已至此，我的一些朋友想要祝我幸福，他们几乎说服了我的大脑，但是我的心在这个信念下流血。因为您与我素不相识，您不应对我妄下评判。我既非安提诺乌斯（Antinous）①，也非伊索，当勒德尔小姐②给予我十分珍贵的保证时，她想必曾首先相信遇到了一位诚实优秀的男士。别再说这事了！我为自己辩护是不合适的，更不应该抱怨别人。狂热的爱情已经做了它该做的。我不是您的朋友，我们的关系不允许如此；但因为我是一个正直之人，对您而言这就好像我是您的朋友一样有利。您自己，我的先生，在这件事上行为处事像是一个年轻气盛、并非满怀诚意的人。我祝您幸福。您需要祝福。您的妻子很不错，我深入地观察过她，而我不可能将我的心遗落在一个不值得的人身上。我们之间没有发生任何应受惩罚之事，这点我的性格

---

① 古罗马帝国的美少年，皇帝哈德良的情人。

② 威廉明妮·勒德尔（Wilhelmine Röder），莱比锡富商的女儿，曾是索伊默的未婚妻，下文他直呼她的名。

和我目前的处事方式绝对可以向您保证。——您必须原谅她的一些错误并且自己不犯错。对我而言，重点是您二位都幸福。当您对人们的内心有所了解并且不把我看成一个完全普通的人时，您会理解这一点。就像人们一般情况下能够获悉的那样，我将极有可能了解您过得如何，因为在柏林这个我经常去的地方，我并非完全是个异乡人。现在我不能再变得无动于衷，这位女士以前可能曾这么认为并且当时本该采取措施。对我而言，如果你们有朝一日过上时髦的婚姻生活，这会是最可怕的事。我恳求您，用您的幸福、用我所剩的安宁、甚至用那些对我们而言珍贵之人的幸福担保，决不——决不再轻浮。您是男人，一切赖您而生。如果威廉明妮有朝一日背离她的角色的话，我会为我的角色疯狂报复。请您原谅且不要认为这无礼。您必定知晓时代与人类。恐惧给予安全。依我所愿，我将不再见您夫人。倘若您自己总是履行您的义务，那么就总是在一个严肃的时刻给她带去我的纪念。这可能会对她有益，而且应该不会对您有所损害。在我心里，目前这些关系中只能住着爱慕或是蔑视。我了解自己，前者只能随着时间的流逝而变成友谊，而上天在后者面前保护您与我：蔑视的征兆会是可怕的。

我能够从这个女人的内心读出，她现在将会如何谈论我或者也很可能反驳我，我真诚地希望，她永远不要带着懊悔想起我。我的先生，持续关注此事是您自己的兴趣。

　　我极有可能永远无法为您服务，就像在我的思维方式里您为我服务的可能性也微乎其微。但是如果您有朝一日认为，我能够为您服务，那我自己就有足够的理由，带着愉悦和热情去这么做。我既不盼望答复，也不期待感谢。只要您怀着与我一样的感情，或者仅是带着应有的沉着冷静，看出我尽可能冷漠地表述的言辞，您将会很自然地发现所有一切。

　　我衷心向您保证我充分的敬意，您必定觉得自己值得如此。祝您平安幸福！这个祝福也完全发自内心，虽然它与一些比这位男子应该感觉到的悲哀更胜一筹之物一同出现。

　　格里马（Grimma）[①]　　　　　　　　索伊默

---

　　①　德国萨克森州的一个地名。

约翰·海因里希·福斯

致吉恩·保罗

导 言

    在接下来的这封信中，约翰·海因里希·福斯(Johann Heinrich Voss)告知他朋友吉恩·保罗(Jean Paul)的事，将读者带到了莎士比亚在德国复兴的源头。写信人——荷马的译者约翰·海因里希·福斯(Johann Heinrich Voss)①的二儿子——不是杰出的人物。"他缺少一种独立的、对目标孜孜以求的天性。他对其父怀有的孩童般的爱与崇拜，最终夺走了他思想上全部的独立性。其父如何被他视为最高榜样，他就如何毫无异议地服从其父的观点，并且在他能够用虚弱

---

    ① 文中提及的第一位约翰·海因里希·福斯(1779—1822)是第二位约翰·海因里希·福斯(1751—1826)的儿子，老福斯是德国诗人、翻译家和古典文献学家，除了将《荷马史诗》译成德语外，还同小福斯一起翻译了九卷本的莎士比亚戏剧。吉恩·保罗(1763—1825)，德国作家，古典主义与浪漫主义的中间派。

的语调重复老人的观点、替其为信件作答或者在其研究中服务性地帮上忙时，他就感到满意。"当他成功地争取到其父先是容忍地、再是积极地接受他翻译莎士比亚时，可能他已经拥有生命中最大的快乐。——但是，正如天然泉水以极其隐蔽的涓涓溪流、不可名状的潮湿之气和勉强浸湿的地层水脉为源头，思想的源泉也是如此。它们并不仅仅以涌出种子和鲜血的伟大狂热为生，也更少以多方招来的"汇流"（"Einflüssen"）①度日，而是更要靠日常艰辛生活的汗水和从热情中流出的泪水生存：它们都是在洪流中迅速消失的水滴。下面这封信——德国莎士比亚史独一无二的见证——带着这段历史的一些水滴。

海德堡，1817 年 12 月 25 日

今天和昨天的日子使我重新回到了童年的早期年

---

① "Einfluss"，复数"Einflüsse"，在德语中作"汇流"，又作"影响"。

岁，我还完全不能从中走出来。我还记得，我怀着何种崇敬的心情想念圣诞节时给儿童送礼物的圣婴，我将它想象成一个有对金红色翅膀的紫色的小小天使，但是我不敢吐露它的名字。只有对着我的祖母，那位我觉得更加令人敬畏的人，我才能够这么做。平安夜的前几天我就默默地只顾自己了，却从来没有不耐烦。但是当神圣的时刻临近时，急躁就增长得几乎要爆破心脏。啊，多少个世纪过去了，直到钟声最终响起。——自从我无以言表地彻底爱着的施托尔贝格（Stolberg）①搬到欧丁生活，往后几年里我的圣诞乐趣获得了不同的形象，那就是以玩游戏为乐的我当着他的面，把儿童游戏拉到每个人面前，他的握手让我内心深深地激动。这位先生很早就用英语给我上课，当我十四岁时，他要求我阅读莎士比亚并且从《暴风雨》开始。这发生在圣诞节前六周左右，在圣诞节的第二天，我读到了刻瑞斯（Ceres）和朱诺（Juno）的化装

————————

① 施托尔贝格-施托尔贝格的弗里德里希·莱奥波德伯爵（Friedrich Leopold zu Stolberg-Stolberg，1750—1819），德国诗人、翻译家和法学家，文学上他是狂飙突进运动的一分子。1791～1800 年他在欧丁（Eutin，德国石勒苏益格-荷尔斯泰因州一座位于大、小欧丁湖之间的小城）担任"侯爵主教同仁会"会长，并且与老福斯同是"欧丁圈"（Eutiner Kreis）的成员。

吉恩·保罗

海因里希·普芬宁格(Heinrich Pfenninger)绘于 1798 年

舞会。① 当时我病得很重。我母亲恳求施托尔贝格，让他偶尔带我去坐马车散心。这就发生在那一天。我正好想要开始阅读化装舞会，这时马车停住了，施托尔贝格热情地朝我呼喊："来，亲爱的海因里希。"而我，就像一个疯子那样，冲了出去，冲进了车里。当时我内心情绪起伏、思绪万千。上天啊，我对可怜的施托尔贝格喋喋不休地谈论着莎士比亚，而这位亲切的先生容忍了一切，他只是很高兴，莎士比亚使我起了仰慕之心。当我们驾车回去时，我唯一的担忧是，马车想要在十二点——我们的就餐时间——之前停在我们的门口。但是谢天谢地！当我们还在弗里藻(Frissau)②大桥时，十二点半的钟声敲响了。这样我就可以在施托尔贝格身边吃饭了。我坐在他旁边，我还记得吃的菜。当我在黄昏回到《暴风雨》那里时，莎士比亚是多么合我心意。从那时起，在我的想象里，莎士比亚的《暴风雨》、圣诞节和施托尔贝格就不可区分地融合在一起或者长成了一个整体。每当神圣的圣

---

　　① 这是爱丽儿(Ariel)为腓迪南(Ferdinand)和米兰达(Miranda)招来的精灵。——作者原注。（这些都是《暴风雨》中的角色名。——译者注）

　　② 欧丁旁边的一个小城。

诞节来临，我就必须在内在需要的驱使下阅读《暴风雨》，即便我已经将其熟记于心并且认识了魔法岛上的每株小草和每棵短茎。而这，亲爱的吉恩·保罗，会在今天下午再次发生。假如我的死亡时刻降临在圣诞节时的话，它会在我阅读莎士比亚的《暴风雨》时当场抓住我。

弗里德里希·荷尔德林

致卡西米尔·伯伦多夫

导　言

在世纪之初荷尔德林的信中，几乎没有一封信不含有各方面不比他留下的诗歌逊色的语句。但是选集的价值并非它们的最高的价值。相反，它们的最高价值是其独特的透明性，多亏它们的这一特性，这些朴实无华、无私忘我的信件为审视荷尔德林工作间的内景提供了便利。"诗人工作间"——难得比一种用坏了的隐喻更多——在此出现了其意义的转变：对荷尔德林而言，语言性的工作——就是他抛弃后期诗歌创作熟练而精准的技巧所致力于的日常生活的通信往来——在那些年中不复存在。由此进入他即兴写作中的紧张关系就使得那些最不引人注目的商务信函——更别提那些写给亲近之人的书信——逐渐变成如此独特的文献，正如下面这封给伯伦多夫的信这样。卡西米尔·乌尔里希·伯伦多夫(Casimir Ulrich Böhlendorf，1775—1825)①是库尔兰人。荷尔德林曾有一次对他写道"我们<u>同命运</u>"(Wir haben ein Schicksal)②。只要涉及外部世界与一种狂热而敏感的情绪之间的关系，这句话就适用。虽然在诗歌方面两人间只有极小的相似微弱地存在，但是下面这封信所保存的居无定所、流浪漂泊的荷尔德林的形象痛苦而粗糙地在一份拉脱维亚报纸献给伯伦多夫的悼词中浮现出来："上帝给予了他一份格外卓越的天赋。但是他患上了精神病，而且因为到处担心人们想要夺走他的自由，所以在超过20年的时间里四处漫游，很多次徒步穿越整个库尔兰，有几次也穿越利弗兰③。尊敬的

① 卡西米尔·乌尔里希·伯伦多夫，作家、诗人和历史学家，荷尔德林在耶拿大学的同窗。伯伦多夫的姓氏应写作"Boehlendorf"，原著在此处出现的这种不准确性，是由德语正字法的历史演变造成的。

② 引文出自荷尔德林 1801 年 12 月 4 日致伯伦多夫的一封信，参见《荷尔德林全集：法兰克福版》(*Sämtliche Werke*：*Frankfurter Ausgabe*)第 19 卷，法兰克福 1995 年版，492 页。

③ 利弗兰(Livland)是库尔兰(参见 p.12 注释②)周边的一个旧地名。

读者……大概见到过他带着装着书的行李包在公路上漫步。"——现在，荷尔德林的信完全充满着那些统治着后期颂歌的语词："故乡"的与"希腊"的风格，"大地"与"天空"，"大众性"与"心满意足"。在那语言光秃秃的岩石已经到处暴露出来的陡峭山峰上，它们——等同于三角信号——是"最高的一类标志"，诗人凭此惦念那些作为希腊世界的省份为他打开"心灵与生计之困苦"的国家。并非繁盛且理想的那个希腊世界，而是那荒芜且现实的那一个，它与欧洲尤其是德意志的民族性结成的苦难联盟是历史变化的隐秘，是希腊精神之实体转变的隐秘，是荷尔德林最后的颂歌的主题。①

---

① 荷尔德林(参见 p. 20 注释①)将希腊诸神看作真实存在的力量，以希腊文化为典范，认为诗人的职责就是在神与人之间搭建沟通的桥梁，所以对古希腊的不懈追求是他创作的永恒主题。

尼尔廷根(Nürtingen)①，1802年12月2日

我亲爱的朋友：

我很久没有给你写信了，在此期间我在法国，看到了悲哀而孤独的大地、南部法国的小茅屋、零星的美景以及在对爱国主义疑惑与饥饿的忧惧中长大的男子和女子。强大的自然力、天空的似火光泽、人们的安静沉默、他们在大自然中的生活以及他们的狭隘贫乏和心满意足，不断地感动着我，就像人们跟着英雄们重复的那样，我真的可以说，阿波罗击中了我。

在那些与旺代(Vendée)②毗邻的地区，当地人的野蛮与好战性以及他们纯粹的男子气概让我感兴趣。这种男子气概体现为，生命之光在眼睛和四肢中直接被感觉到；对于这种男子气概而言，死亡感觉犹如一种艺术鉴赏，满足了它求知的渴望。在古典精神的废墟上，南部人民的身强力壮让我对希腊人原本的特质更为熟知。我认识了他们的天性和他们的才智、他们

---

① 德国巴登-符腾堡州地名。

② 旺代是法国西部卢瓦尔河下游地区的一个省份。法国大革命后建立的法兰西第一共和国的统治政策与旺代农民的传统情感之间产生了激烈的冲突，导致1793～1796年间在该地爆发了大规模的农民起义，史称"旺代叛乱"，战争最后以旺代军的惨败告终。

荷尔德林

帕斯泰尔·冯·弗兰茨·卡尔·希默(Pastell von Franz Karl Hiemer)绘于 1792 年

的身体、他们在当地气候下成长的方式，以及他们在自然力面前保护纵情的天赋使其免遭暴力所凭借的规则。这决定了他们的大众性以及他们接纳陌生人并与之推心置腹的方式。假使在希腊式的意义上最高的理智是沉思的力量，那么他们就此拥有自己看上去充满活力的独特个性；而且当我们领会希腊人无畏的身躯时，这一点对我们来说变得可以理解。沉思的力量是脉脉温情，一如我们的大众性。

古典艺术品的外貌给我造成了一种印象，这种印象对我而言不单是让希腊人变得更为易懂，而且总的来说让艺术的最高形式变得更为易懂。在概念和所有严肃意图的最高级的运动与现象化中，艺术还是让一切保持静止、保有自我。结果就是，安全是最高的一类标志。对我而言，依照心灵的一些激动和同情暂时落脚是必需的，在这期间我生活在我出生的城市。

我越是研究故乡的大自然，它就越是有力地感动我。雷暴，它不仅仅有表现最为激烈的那种，而且还有在天空的其余样子中作为权力和形象表现出来的那一种；在雷暴作用下产生的光线，它合理地作为原则和命运方式形成：某些事物对我们而言是神圣的。神圣之物到来和离去的过程、森林中的独具特色之物以及在一个地区中大自然之不同特点的同时产生：地球上所有神圣之地正共同围绕一处，而我窗户周围的哲理之光现在是我的快乐。我如何来到此地，但愿我可以将此保留！我亲爱的朋友！我想，我们大概不会对直至我们这个时代的诗人加以评论，但是我认为，歌唱的风格一般将会具有一种新的特点，而我们对此承担不起，因为我们在希腊人之后重新开始爱国地、自然地、其实是本源地歌唱。

快点给我写信吧。我需要你纯粹的声音。对艺术家而言，朋友当中的精神与谈话和书信中思想的形成是必不可少的。否则我们没有任何属于自己之人，而这个人是属于我们塑造的神圣图景。再见！

你的 H.

克莱门斯·勃伦塔诺

致书商赖默尔①

导　言

1803 年 2 月，勃伦塔诺写信给阿尼姆②，告诉后者梅累奥③给他写了一封简短且有些乏味的信以及他对这封信做了发自内心的、真诚的答复："对我和她毫不留情，就像一位机智的第三方所写，凭借最敏锐的细微差别处置一切，用三个版本讲述她的历

---

①　本雅明选取的下面这封信，其收信人赖默尔（Reimer）应该就是弗里德里希·威廉·里默尔（Friedrich Wilhelm Riemer，1774—1845），德国语言学家和作家，歌德的秘书。引文参见《勃伦塔诺作品与书信全集》（*Sämtliche Werke und Briefe*）第 32 卷，斯图加特 1991 年版，40 页。

②　克莱门斯·勃伦塔诺（Clemens Brentano，1778—1842），德国作家。路德维希·阿希姆·冯·阿尼姆（Ludwig Achim von Arnim，1781—1831），德国作家。两人同为海德堡浪漫派最主要的代表。

③　索菲·弗里德里克·梅累奥（Sophie Friederike Mereau，1770—1806），德国浪漫派女作家，她一生情路坎坷，桃色新闻众多，曾是法学家弗里德里希·梅累奥（Friedrich Mereau，1765—1825)的妻子，1803 年嫁予勃伦塔诺为妻。

史，满是戏弄，真实得有下流的笑话，解释我想要与她同床共枕的浓厚兴趣，为她的年纪和她极其糟糕的诗句而哀叹：总之这是我曾写过的最坦率、最果敢和最顺利的一封信件，并且是我写过的最长一封信。它以一些工匠们所唱的粗俗歌曲结尾。"然后，四年后，他写道："索菲，这位理应比我活得更久的女子，这位热爱阳光与上帝的女子，早已故去。她和她孩子——其因她而死，又致她于死地①——坟头的鲜花和野草已经长得老高。鲜花和野草为我悲伤万分！"这就是克莱门斯·勃伦塔诺婚姻的小迷宫的进出之门，他们第一个儿子的塑像立在迷宫当中。这对父母给他取名叫阿希姆·阿里尔·丢尔·勃伦塔诺（Archim Ariel Tyll Brentano）②——这个名字不是对人世生存的指示，而是送新生儿不久后重回故地的翅膀。当结局在那时伴随着第二个孩子的不幸降世而到

---

① 索菲·梅累奥于 1806 年 10 月 31 日因分娩而去世。
② 他于 1804 年 5 月 11 日出生，同年 6 月 19 日夭折。

来时①，他的一切看上去都随着这位女士的去世——在她身边勃伦塔诺完全无法简单地忍受生活——而崩溃了。他感觉自己身处无边无际的孤独中，而在耶拿和奥尔施泰特的败仗后，那片土地陷入的纷乱从他那里夺走了最亲密的知己——追随国王去往东普鲁士的阿尼姆。② 1807 年 5 月，在索菲去世半年后，阿尼姆从那里写信给勃伦塔诺："我常常预计，要将那么多我心中所想之事写信告诉你。但是想到我的书写徒劳无功，我的语句被他人阅读，这样的念头马上让我放弃这么做。还有一种情况，我怀疑，它就像一把快速舞动的利剑让我们之间的一切动荡不定。倘若果真如此的话，这应当会让我痛苦，而我可能会使你忆起一些悲伤之事。已经去

---

① 事实上应该是第三个孩子，两人的第二个孩子于 1805 年 5 月 13 日出生，同年 6 月 17 日夭折。

② 1806 年秋，普鲁士与英国、俄国等国结成第四次反法同盟，10 月初，普鲁士率先对法宣战，随后拿破仑于 10 月 14 日在耶拿—奥尔施泰特战役（Schlacht bei Jena und Auerstedt）中大败普鲁士的军队。普鲁士国王弗里德里希·威廉三世（参见 p. 163 注释②）仓皇出逃东普鲁士的梅梅尔（Memel，今立陶宛的克莱佩达），拿破仑进驻柏林。

世的正直的耶拿人施洛塞尔医生，对我说了关于你妻子过世的一些话，他声称从报纸上读到了这事。我想说，我们在这里与一切阻断，与时间阻断，然而我有过一个信念并且曾坚持它，这就是你的妻子一定还活着。"从这些话中可以推断出，接下来的这封感人信件中的请求徒劳无功。根据准确的调查确定，这封信还没有被发表过，因此被忠于原稿地再现出来。

尊敬的先生：

您不要把这几行字放在一边，您打听一下并且通知我，路德维希·阿希姆·冯·阿尼姆在哪里，您知道他对我的友谊，对我而言，除了索菲——我以一种如此悲伤的方式在难产中连同孩子一起失去了她——他已经就是我爱着的一切。从 10 月 19 日开始我对他一无所知，而关于 10 月 19 日这一日，我只知道当天他在哈勒(Halle)①，我完全被痛苦所毒害的情绪已经看不见包括他在内的所有与生活紧密相连的一切。您

① 德国萨克森-安哈尔特州的一座城市。

勃伦塔诺

埃米莉·林德(Emilie Linder)绘于 1837 年

就是通过他而作为一位杰出人士被我所熟知的。您或许认为，我是极其不幸的，是的，我是如此悲惨，以至于我可能凭借这悲惨——就像凭借一个无边无际的苦难的深渊——彻底改变。而您应该稍后、马上或者一旦您善良的品质迫使您这么做就立刻通知我，阿尼姆很有可能在哪里，人们是否能够给他写信，是否有人从柏林给他写信。您一定能够获悉此事，对您而言，通过一个寥寥数行字的相关消息至少告诉我一个我可以想念的城市的名字，这是如此容易。啊，正如我现在漂浮在深切哀痛的正当中，对我而言，在这种有限性中，仅仅只是了解我爱着的某个人是否还活着，就是无限多了。

如果您给我写信的话，那么也通知我，您为《菲娅梅塔》(*Fiametta*)①已经向我妻子付了多少钱，并且她还可能得到什么。假若您会为此欣然支付费用，那么我会在那时告诉您，您可以在那附近向谁支付这笔费用。这笔钱属于我年幼的继女，她在鲁道非夫人这

---

① 意大利文艺复兴时期的作家乔万尼·薄伽丘（Giovanni Boccaccio，1313—1375)的代表作之一，索菲·梅累奥将其译成了德语。

里接受教养，因此我必须处理此事。这仅仅只是适度的提醒。

您忠诚的

克莱门斯·勃伦塔诺

海德堡，1806 年 12 月 19 日

约翰·威廉·里特尔

致弗兰茨·冯·巴德尔

导　言

　　"里特尔①就是里特尔，而我们只是护花
使者。甚至巴德尔②也只是他的诗人。"诺瓦
利斯(Novalis)③在 1799 年 1 月 29 日给卡罗
琳讷·施莱格尔(Caroline Schlegel)④的信中
这样写道。里特尔与诺瓦利斯彼此之间的联
系就是如此，那句话包含的内容更甚于对里

----

　　①　约翰·威廉·里特尔(Johann Wilhelm Ritter，1776—
1810)，德国早期浪漫主义的物理学家和哲学家，当时耶拿—
魏玛文化圈中最卓越的人物之一。作为物理学家，他在 1801
年发现了紫外线，在 1803 年发明了蓄电池。

　　②　弗兰茨·冯·巴德尔(Franz von Baader，1765—
1841)，德国保守主义哲学家、天主教神学家和矿业工程师。

　　③　诺瓦利斯(1772—1801)，德国早期浪漫主义作家和哲
学家。

　　④　卡罗琳讷·施莱格尔(1763—1809)，德国作家和翻译
家，"大学小姐团"(参见 p.22 注释①)的一员，是众多浪漫主
义诗人和思想家心中的缪斯。1796 年她嫁予奥古斯特·威廉·
施莱格尔(参见 p.107 注释①)为妻，后来双方离婚，她于 1803
年嫁给了德国哲学家弗里德里希·谢林(Friedrich Schelling，
1775—1854)。

特尔将自然科学浪漫化之能力的一种身份肯定。它同样针对里特尔的人性立场，在一个浪漫主义者那里，这种立场不可能更为高尚雅致，同时与现实更为生疏。本质上，物理学家的人道地位与科学立场这两者极其紧密地交织在里特尔身上，就像他在自述中所表明的那样，在其中他将白发苍苍的赫尔德①视为他研究的祖先：赫尔德，人们能够经常见到身为作家的他，"尤其是在工作日时；但是作为远远超越于他所有作品之上的人，人们能够在周日的时候找到他，那时他跟随着他的上帝静静修养并且在他家庭的怀抱中度过整日。而'陌生人'则不能与他在一起。当他在一个美丽的夏日参观一个乡村之地——这是他十分喜爱之事——比如在魏玛和观景楼之间的伊尔姆河河岸的美丽小森林时，他会显得既美丽又神圣，但是除了他的家人外，只有他明确邀请的人允许随行。在

---

① 约翰·戈特弗里德·冯·赫尔德(Johann Gottfried von Herder，1744—1803)，德国作家、神学家和历史哲学家，启蒙运动的重要人物。

这种日子里，或此或彼，他会真的看上去像一个从他的作品中得到休息的神，只不过作为人，他歌颂和赞美的不是他自己的作品，而是神本身的作品。那么他头顶的苍穹就有理由弯曲成大教堂那样的拱形，甚至是房间坚硬的天花板也弯曲下来。但是其中的神父并不是来自这片土地和这个时代。琐罗亚斯德(Zoroaster)①的言语在其身上出现，并且带着虔诚、活力、宁静和欢乐涌入周围整个环境中。如此，没有一间教堂中的上帝像在这里这样被侍奉——不是民众，而是神父填满了教堂。在这里——N. 无数次重复——在这里他学会自然是什么，自然中的人类是什么和真正的物理是什么，以及最终的宗教是如何直接相靠的。"在此谈论的这位 N. 就是里特尔本人，正如他带着其既坦率又羞涩、既笨拙又深奥的秉性在《一个年轻物理学家的断片》(*Fragmente eines jungen Phy-*

---

① 伊朗先知，大致生活年代为公元前 628 至公元前 551 年，拜火教(又称琐罗亚斯德教)的创始人。

sikers，海德堡 1810 年）一书的前言中自我描述的那样。这位先生不易混淆的语调——其使得这篇被人遗忘的前言成为德国浪漫主义最重要的自白散文——也存在于他的书信中，其中的少数信看来幸存了下来。下面这封信是写给哲学家弗兰茨·冯·巴德尔的，在慕尼黑短暂而富有影响的任职期间，他为艰苦斗争的学生做了一些事。而帮助一个这样谈论其《断片》的人肯定并不容易，他说，在这些《断片》中"当人们仅仅为公众——也就是说公开地——工作时，确实必须自觉地比所轻易认为的更为诚实地对待他们。因为其实没有人有权如此，除非他被允许称为亲爱的上帝，或者更为合理地，称为大自然。其他的'观众'还是无处有所助力。而我也同很多其他人一起感觉到，比起假装完全不为任何人，也不曾为自己，而是恰恰为事物本身写作，人们并没拥有更为成功地完成的作品和题材。"当时，这种方式的一个写作信条已经将它的拥护者带入困境。但是里特尔并不只是感觉到这种困境，而是，正如下面这

封信所证实的那样，他也察觉到了这种困境给予的坦诚相告的权利以及如此行事的力量：热爱命运（amor fati）。

1808 年 1 月 4 日

为了您上周的来信，我对您说声最恳切的谢谢。您永远知道，我总是最乐意从您那里得到回忆，一如那封信所包含的。在此，那些回忆就像在我自己心中形成的那样出现在我面前，而我也如此对待它们。

没有什么比您把所有这一切——您必定为此狠狠地斥责我——仍然称为"研究"，更好地证明了您了解我。我或许经历了人们直至我这个年纪能够经历的几乎所有的一切。许多事物我从未探求，相反，我经常有意地对自我不加克制，听任这事或那事发生。很有可能，我在一切中寻找的只是一个永久之物，没有它可能就没有任何正直之人。只是，从我最早的思考开始，我越是预料到它——对我而言——是错综复杂的，我就越是准备着想要获得它。我也把"经历"过它而不仅仅是知道它视为更大的报酬。

您关于允许外部的过度刺激所说的话，也部分地属于这一点。我绝对不想说其完全如此。根据我所看到的，很少有人能够比我在上帝面前更为认真、更为深入、更为真诚并且更加供认不讳地开始和继续人类生活的自然史。您绝对不要在这一表述中寻找骄傲自满，而是要找来自并非完全受限的观察、被允许在必要时表达出来的纯粹结果。——另外，我将这一整体看作交织在我努力奋斗的天命中的一个如此必要的部分，以至于我还必须认为这个部分是最高贵的、暗中打下基础的部分。虽然我自己不想确定，我在这种情况下是否有可能将变得或者已经变得没有节制，但是我会觉得这难以置信。

照一切来看，我确实有理由更为深入地探寻我近几年才开始的疾病的最终原因。我相信能够非常简单地指出和说中它。它是忧虑和担心。我经济上的境遇使我烦恼。尽管我做了所有的应对努力，这最终还是伤害到了身体。一旦发现了一种对此的根治疗法，我也将马上被彻底治愈。——我如何背负起我的债务，对此我当然知道说明和辩护，但是这不能向每个人透露。幸好，我自己能够获悉它。在这一点上，您肯定理解我。有些东西，无论如何也不算太贵；有种物品，为了它的缘故人们甚至能够——从表面上看——欺骗大众。我明确说明：从表面上看。这种欺骗完全不比商人的欺骗更严重，商人

巴德尔

们为保证持续的投机而透支自己的信贷。

我也在实践工作中受到阻碍，因为众所周知，在此人们还完全不知道在这一类事物上必须让自己付出什么代价。有多少美好的工作起草后搁置在那里！但是用 100 甚至是 300 弗罗林还是无法完成它们，尽管这些古尔登①已经到了让某个地方的人们对其感到害怕的数额，在那里绝不会有一个科学团体和一种科学精神能够繁荣发展。

现在，在这种情况下，从讲授课中能够给我带来什么真正的收获呢！我知道，我还是有听众，就像您和舍林，也许还有第三人。然而，倘若您是我唯一的听众，我很乐意看清，我是否无法放下一切。但是您大概不会变成独自一人。毫无疑问应该具有决定意义的正是一大批其他人，他们与你们三人不同。如果我告诉他们您理解的那些话，他们又什么都不理解；而如果我说这些人理解了它，那么我会害怕只在房间里见到您——这种情况我好几次心血来潮时已经了解了。剩下的总是一种纯粹的"技能展示"。

---

① 弗罗林（Florin，简写 fl.）和古尔登（Gulden）都是德国古代的金、银币名，两者含义相同。

不过是我结束的时候了。您要原谅这封长长的信。我觉得这一次写信比谈话更加合适，尤其是您像我一样受到阻碍而不能为后者提供机会。

贝尔特拉姆

致苏尔皮茨·布瓦赛雷

导　言

　　歌德生命中影响最深远的事件之一，是
布瓦赛雷（Boisserée）兄弟凭借无法估计的幸
运成功地再次赢得了这位 62 岁老人对中世
纪的兴趣，而斯特拉斯堡檄文《关于德意志
的美术与艺术》（*Von deutscher Art und
Kunst*）来源于对中世纪的首次发现。① 在魏

---

　　① 　1770～1771 年，歌德在斯特拉斯堡学习法律，在那里
他与赫尔德（参见 p. 74 注释①）有了深入的接触。1771 年 8 月
歌德回到法兰克福后，发表了《关于德意志的美术与艺术》，其
中收录了历史学家尤斯图斯·默泽尔（Justus Möser，1720—
1794）的一篇为德意志民族性辩护的文章，赫尔德的两篇分别
拥护莪相（Ossian）和莎士比亚的论文，以及歌德的一首赞赏哥
特式建筑的狂诗。苏尔皮茨·布瓦赛雷（Sulpiz Boisserée，
1783—1854）和他弟弟梅尔希奥·布瓦赛雷（Melchior
Boisserée，1786—1851）都是德国艺术收藏家，他们共同收藏
了大量德国和荷兰文艺复兴时期的木板油画。本雅明选取的下
面这封信，写信人是约翰·巴普蒂斯特·贝尔特拉姆（Johann
Baptist Bertram，1776—1841），德国画家和艺术收藏家，布瓦
赛雷兄弟藏画的共有人。

玛的五月天中，适逢下面这封信写就之时，《浮士德》第二部圆满完成的可能性——人们可以这么猜测——被决定了。但是，这封信不仅仅是一份作为证明的第一等级的文学史资料，讲述了将天主教的意象世界置于年迈的歌德的目光下这一非同寻常的实验是带着何种担忧进行的；它同时表明，这个人的存在还多么安排性地和指导性地深入作用到了远处区域。这一点在此不是郑重其事地被表述，而是——更确切地说——由布瓦赛雷的远方友人以一种虽然带着稳健和矜持，仍然大步向前的语调表达出来，这或许是这些字里行间最美丽之物。

海德堡，1811 年 5 月 11 日

你在歌德那里的成功——尽管你在极其光彩夺目的记叙中夸耀它——在我看来并非出乎意料。你知道，我如何鉴于外在的相容性思考这位老先生。然而，只是不要太过卖弄那个你接受的、自以为博学的角色，而是像在所有人类的事务中那样考虑一下结局。只有当你能白纸黑字地为你自己开脱时，我才愿意竭尽全力称赞和表扬你。自从关于目的性的康德原则毫无目的地再次过时以来，我觉得纯美学的满足在这个有趣时代的一切领域都是不合时宜的，并且我——与基督教福音相对立地——认为：只要先给我们其他一切，我们自己就想力求找到天国。可是，与一位如此声名显赫且有权受到尊敬的先生——比你更为举足轻重的人物徒劳地在艺术与科学中争取他的赞赏——保持这种精神上的亲密与联系，这对于你的追求之严肃和正派而言，当然不是一个微小的胜利。我也想要私下观察你。在心里，你必然是被如此涂脂抹粉，用星形勋章和勋章上的绶带来装扮，在他人和自己的眼光中如此闪闪发亮，以至于你不得不在你小旅馆小房间的黑暗中显得完全透明。亲爱的孩子，当我们曾经应该成功完成世界上的某件事时，我们缺乏辛苦和努力，在喜悦和欢乐中没有得到它。而在令人压抑的市民和家庭的关系中，在反对长年累月的偏见、反对对更高之物的漠不关心与冷酷无情的斗争中，在各种痛苦和悲伤的困扰下，我们暗自继续我们的道路，除了内在更好的意识和忠诚以及坚定不移的性格的支撑外，没有其他鼓励和支持。这种性格可能被时代的浓雾模糊得失去光泽，但是不能被扼杀和毁灭。

我如何收回愉快的高涨情绪想起我们结识的最初时光，想起你的研究宁静而谦虚的开端呢？有几次我曾带着怀疑的情绪严肃而努力地斟酌，义务和喜爱是否命令我把你从你的整个环境努力拉住你的势力范围中救出来？而且我能够给你提供什么作为你必须做出决定的各种自我牺牲的替代品呢？一个只有在长期异常艰苦的努力和奋斗后才能到达的遥远而模糊的目标，而你要为当下放弃所有在年轻人的青春和活力中被誉为生命里最大魅力的一切。

当这位这个时代卓有名望的先生向你的行动友好地示以赞同之意时，当人群钦佩地盯着你的工作时，当声望把你的名字从外国人那里光荣地带回祖国时，想想那些在圣泽韦林（St. Severin）和圣格里安（St. Gereon）教堂①墙上孤独的漫步。在那里，威严的敬畏之情统帅着残余的古老辉煌，而故乡如此寂静无声地躺在我们面前。在它荒凉的城墙内，一个在长年的疲劳中退化且如今由于时代的压力而完全卑躬屈膝的种族，也没有给我们提供一个用爱分担我们追求目标的人。对你计划的成功感到高兴，并且带着坦率的勇

----

① 科隆 12 个罗马大教堂中的两个。

气迎着你竖立在自己面前的目标而去吧。

谁在上帝和人类面前对纯粹美好的意愿意识清醒，时代不情愿的催逼和驱使就不能如此轻易地使之迷乱；谁将他的思与行奉献给至高无上者的服务，谁就不会缺少独自拥有真正价值与持久的智慧，也不会缺少能够控制征服世界之精神的机智。

如你所见，我落入一段严肃的文字之手。现在，时间和形势也正把它放在一个离我如此近的地方，在那里你正想向世界公开阐述你追求的结果，而在那里孤独隐居的片刻安宁就这样给我一些推动，使我思索所有触及我们共同兴趣的一切。

Ch. A. H. 克洛丢斯

致伊丽莎·冯·德·雷克[①]

导　言

　　卢浮宫的工艺美术博物馆中有一间陈列玩具的小侧间。毕德迈耶尔时期（Biedermeier）[②]的玩具房间把观察者的兴趣吸引到了自己身上。从闪闪发亮的球形柜到制作漂亮的书桌，它们各方面都与当时的贵族住宅截然相反，而且在这些房间的桌子上散乱地摆放着的不是《环球》或者《两个世界杂志》，而是 64 开的《洋娃娃杂志》或者《小信使》。有墙壁装饰品是显而易见的。但要一个人对

---

　　① 伊丽莎·冯·德·雷克（Elisa von der Recke，1754—1833）是德国著名的女诗人与作家，她自 1804 年起与好友蒂德格一起在德累斯顿生活。克洛丢斯的妻子玛丽亚·多罗特娅·夏洛特·维特豪尔（Maria Dorothea Charlotte Witthauer，1786—1825，信中昵称为洛特和小洛特，两人于 1811 年结婚）在其父于 1802 年去世后被雷克收养，所以克洛丢斯在信末的落款自称"儿子"。

　　② 指德意志联邦从 1815 年维也纳会议至 1848 年革命的这段时期，当时的政治、文化、艺术、建筑和时尚等各个领域都表现出了自己独特的风格。

此——即在那样一个小房间中，在长沙发上方撞见一件微小但高精的罗马大斗兽场仿制品——有思想准备并不容易。玩具房间中的罗马大斗兽场是一个必然满足毕德迈耶尔时期一种密切需求的景象。而且这与下面这封信中——当然是人们所能找到最毕德迈耶尔式的信函中的一封——奥林匹斯山居民莎士比亚、蒂德格（Tiedge）①和席勒互相紧贴在一条生日花环圆拱下的方式十分相配。这个审美活动——凭借《审美教育书简》（*Briefe über die ästhetische Erziehung*）力求将大众培养成自由公民——在历史舞台上多么严重地被扰乱，它就多么确定地在那些能够与一个玩具房间这般相像的中产阶级房间中找到庇护。写这封不可思议之信的 Ch. A. H. 克洛丢斯②是哈勒"实用哲学"的教授。小洛特是他的妻子。

---

① 克里斯多夫·奥古斯特·蒂德格（Christoph August Tiedge，1752—1841），德国诗人。

② 克里斯蒂安·奥古斯特·海因里希·克洛丢斯（Christian August Heinrich Clodius，1772—1836），德国哲学家和诗人。

　　美好的伊丽莎，关于伟大的心灵如何经常通过一种独一无二的亲善想法深刻地影响他们远方的朋友圈与仰慕者圈，我们昨天有了最出色的、真正令人欣喜的证据。把妥善抵达的您的巨大半身塑像——您将其友好地赠予洛特——于洛特生日当天在一个小型乐队的伴奏下竖立起来，这对我们而言是一个真正的礼拜仪式。而且今天我们还坐在这些挂着常春藤、环绕着最罕见的鲜花的半身塑像中间，就像古希腊人和古罗马人想要在小小的家用礼拜堂里在他们的家庭守护神中间进餐那样！——所有一切结合起来，将装饰和大合唱都变得令人着迷。所有一切越是显得简朴，我们的小屋就越是一片乐土。

　　在您的半身塑像到达之前，我已经事先通过一次幸运的巧合为洛特订购了她非常渴望的席勒的美丽半身塑像。正是凭借这次巧合，我们朋友慷慨地把小洛特朝向林荫道的浪漫小房间用橘子树、芦荟、盛开的水仙和玫瑰以及雪花石膏花瓶装扮成了一座花神和艺术的神庙，以至于它有资格接待来自奥林匹斯山的陌生客人。在(已有的)莎士比亚的托架下，我们的蒂德格画像以一种花托的方式安置在您和席勒的半身塑像

冯·德·雷克

恩斯特·戈特罗布(Ernst Gottlob)绘于 1785 年

的中间，作为这种形式的半身塑像中最轻的那个，它能够最佳地被高大的头像方碑所支撑。不然的话，男性天才们当然理应让这位女性天才位于中间或者让不太大的席勒半身塑像立在两个大型半身塑像中间。常春藤的枝蔓从蒂德格的头像方碑延伸至伊丽莎和席勒耸立其上的两个圆形小底座桌。在白色塑像的这个四叶式交叉口，一张小桌子高举着最绚丽的花朵，从这些花朵中人们察觉不到季节的痕迹；在它的脚上安装着装扮起来的灯，这些灯自下而上把一束集中的有魔力的光打在从绿色的灌木中凸显出来的白色巨大头像上。房间一角的落地镜与小洛特制作古雅的书桌上的玻璃门反射出三座白色塑像，以至于这形象看起来几乎有三重。当我们打开这个小房间，这个小小的圣地显现时，毫无准备的小洛特愉快地高声惊呼着向她内心珍爱的母亲和朋友的塑像奔去。在布置过的迷人的小舞台前为她放了一把椅子，然后从小洛特椅子后面的相邻房间开始响起四个美妙声音唱的圣灵合唱（Geisterchor）：欢迎来到新生活！

　　美好的伊丽莎，洛特将会亲自向您描述她的感受，并且尽她所能向您表达她的感谢。我的感谢同她一道，并且衷心祝愿我们值得尊敬的蒂德格。高贵的伊丽莎，但愿上天用安逸宁静且远离病痛的时光来回报您即使远在他方也给我们的洛特、给我们如魔法般变出来的众多欢乐！如果允许我们把这确实很美好的乐曲寄给您——它是如此富有吸引力、浪漫与真挚，并且同时还是如此富有庄严，我将会让人把它抄写下来。带着真挚的无尽谢意和孝心，我是

  您的

  忠心敬爱您的儿子

        Ch. A. H. 克洛丢斯

安内特・冯・德罗斯特-许尔斯霍夫

致安东・马蒂亚斯・施普里克曼

导　言

　　这是一封一位 22 岁的女子写的信，其次才应该说，这是一封安内特・冯・德罗斯特-许尔斯霍夫（Annette von Droste-Hülshoff）[①]写的信。从一个年轻姑娘的存在中传递出来的信息——这位没有任何情绪上的热情洋溢的姑娘果断地、近乎严苛地说出了由于缺乏同样的表达能力而不得不始终显得含糊和柔和的话——比从这位女诗人的生活中传递出来的信息更为珍贵。在安内特・冯・德罗斯特作为伟大的女通信者留下的珍宝中，这封信也是独一无二的。它谈论的是触及每个

　　[①]　安内特・冯・德罗斯特-许尔斯霍夫（1797—1848），德国历史上最伟大的女作家、女诗人和女作曲家之一，代表作有民谣《沼泽中的男孩》（*Der Knabe im Moor*）、中篇小说《犹太人的榉树》（*Die Judenbuche*）和组诗《宗教的一年》（*Das geistliche Jahr*）。由于早产的缘故，她一直体弱多病，并且有严重的近视。

人——每个在往后的岁月中曾经出其不意地见到一件首饰、一扇凸窗、一本书、一件任何他孩童时熟悉的未变之物的人——的事物。而且这样的人将重新觉察到对日夜在他心中整装就位的被忘却之物的渴望。这种渴望与其说是对这种童年时光的一种记忆唤醒，毋宁说是对其的一种回应。因为这一渴望就是制作那些童年时光的原料。——但是这封信也是一首"满是颗粒状的物性和满是来自旧抽屉的舒适或者发霉的气味"①的诗歌的先导。鲜有事物像几年后发生在贝尔格宫(Schloss Berg)②的图尔恩伯爵那里的一次小事故那样适合描述这种渴望的特征。当时，大家想用一个象牙制的小盒子当礼物使女诗人高兴，为了把它再次钉上盖子后献给客

①　这是德国诗人、文学家弗里德里希·贡尔多夫(Friedrich Gundolf，1880—1931)对德罗斯特-许尔斯霍夫的评价，参见他的一次演讲：《安内特·冯·德罗斯特-许尔斯霍夫》(Friedrich Gundolf, *Annette von Droste-Hülshoff*：*Vortrag*)，柏林1931年版，23页。

②　坐落于慕尼黑西南面约25千米处的贝尔格镇(Berg)境内的施坦贝尔格湖(Starnberger See)边上。

人，大家小心翼翼地清空了盒子里的各种杂物。接受礼物的人急切地想看到这个小盒子重新敞开的样子，她笨拙地想要打开它，在双手间挤压它。那时候——她几乎没有触碰到它——这个小盒子待在这个家族几十年来从来没有人知道的一个秘密格层突然弹开来，露出两张迷人的古老小画像。安内特·冯·德罗斯特是一个具有收藏天性的人，不过她是一个奇特的收藏家，除了宝石和胸针外，云朵和鸟鸣也在她房中找到它们的位置，而且在她身上，这种癖好的神奇与古怪以前所未闻的强度充斥在其周围。贡尔多夫曾经凭其对这位威斯特法伦小姐着魔和受福之处的深刻洞见说过，"她是罗斯维塔·冯·冈德斯海姆①和伊达·哈恩-哈恩伯爵夫

---

① 罗斯维塔·冯·冈德斯海姆（Roswitha von Gandersheim，也作 Hrotsvit von Gandersheim，约 935—973 后），德国中世纪奥托文艺复兴时期冈德斯海姆修道院的宗教法规教师，被认为是德国第一位女诗人和古典时代以来的第一位剧作家。

人(Ida Hahn-Hahn)①的一位内心上的同时代人"②。——据猜测,这封信是寄往布雷斯劳的,安东·马蒂亚斯·施普里克曼(Anton Matthias Sprickmann)——曾经是林苑同盟圈中的诗人,后来做了明斯特的教授和这位年轻姑娘的指导教师——自1814年起住在那里。③

---

① 伊达·哈恩-哈恩(1805—1880),德国女作家和女抒情诗人,原名伊达·玛丽·路易丝·索菲·弗里德里克·古斯塔夫·冯·哈恩伯爵(Marie Louise Sophie Friederike Gustave Gräfin von Hahn),是著名的"剧院伯爵"卡尔·冯·哈恩(Karl von Hahn)之女,1826年嫁给堂兄弗里德里希·冯·哈恩(Friedrich von Hahn)伯爵后改名为哈恩-哈恩。

② 参见弗里德里希·贡尔多夫:《安内特·冯·德罗斯特-许尔斯霍夫》,22页。

③ 安东·马蒂亚斯·施普里克曼(1749—1833),德国作家,曾于1812～1819年担任许尔斯霍夫的家庭教师。林苑同盟(Hainbund),1772～1775年活跃在哥廷根的一个文学组织,又称哥廷根林苑派,因弗里德里希·戈特利布·克洛普施托克(Friedrich Gottlieb Klopstock,1724—1803)的诗《山丘与林苑》(Der Hügel und der Hain)而得名。该派诗人一方面主张使诗歌创作摆脱启蒙运动的理性主义和社会成规的羁绊;另一方面主张使德国诗歌免受外国诗歌的影响。其与当时的狂飙突进运动存在联系,但又不完全从属于它。

许尔斯霍夫，1819 年 2 月 8 日

啊，我的施普里克曼，我不知该从何开始来使我在您看来不显得可笑。因为可笑的是，我想要跟您说的是真的。对此我不能欺骗自己，由于一个愚蠢且奇特的弱点我不得不在您面前指责自己。但是请您别笑，我求您。不，不，施普里克曼，这真的不是一个玩笑。您知道我不是一个傻瓜。正如每个人会相信的那样，我不是从书本和小说中招惹来我奇特而荒诞的不幸事件。但是没有人知道这一点，唯独只有您知晓。而且这个不幸不是通过客观情况加诸我身的，它始终在我身上。在我还十分年幼的时候（我肯定才四五岁，因为我做过一个梦，在梦里我觉得自己七岁了并且自以为是个大人），我觉得自己与我的父母、兄弟姐妹和两个熟人一起在一个花园里散步，这个花园完全不美，而只是一个有一条笔直的林荫道自中间穿过的菜园，我们总是在这条路上上坡而行。后来花园变成了一座森林，但是林荫道仍然自中间而过，而我们始终向前而行。这就是整个梦。但是接下来的一整天我都很难过，并且为自己不在林荫道中而且永远不能再回去而哭泣。同样，我想起，当有一天我的母亲向我们讲述了许多关于她的出生地、山脉和当时我们

还不认识的外祖父母的事时，我感到了这样一种对这些人与物的思念。当几天后我的母亲偶然在用餐时提到她的父母时，我突然爆发出剧烈的抽泣，以至于我不得不被带走。这也是在我七岁前发生的事。因为当我七岁时，我认识了我的外祖父母。我写信告诉您这些无足轻重的事，只是为了使您相信，这种喜欢渴望所有我不在的地方和所有我没拥有的东西的不幸习气，绝对是根植在我内心并且不是通过任何外在事物加诸我身的。这样，我亲爱的宽容的朋友，您就不觉得我完全那么可笑了。我以为，亲爱的上帝加诸我们身上的蠢行，的确总是不像我们自己招致的那么糟糕。但是几年来这一状况已经增多了，以至于我真的把它当作一个大烦恼。一句话就足以让我一整天情绪败坏，而遗憾的是，我的想象力有如此多的嗜好，以至于其实没有一天不是伴随着其中一个嗜好以一种痛苦地甜蜜着的方式被唤醒而流逝的。啊，我亲爱的、亲爱的父亲，当我写信给您并且想起您时，我就变得心情愉悦。请您忍耐并且让我在您面前揭开我愚蠢的内心，我宁愿变得心绪不宁。遥远的国度、我听说过的伟大而有趣的人物、远方的艺术品和更多这一类的人与事，所有这一切都有令我忧郁的威力。我在家中

安内特·冯·德罗斯特-许尔斯霍夫

约翰·约瑟夫·施普里克(Johann Joseph Sprick)绘于

1838 年

从来不与思想待在一起，即便在那里我十分舒适。而且即使话题持续数日没有落在其中一个事物上，我也随时——当我没有被逼把我的注意力专心放在一些其他事物上时——看到它们从我身边经过。它们经常带着如此鲜明且贴近现实的色彩与形象，以至于令我为自己贫瘠的理解力而感到担心。一篇报纸文章或者一本论及这些事物的、不管写得多差的书，能够让我眼泪直流。如果有人根据经验进行描述，他曾经周游过哪些国家、见识过哪些艺术品、认识我渴望眷恋着的哪些人，如果他甚至会以一种令人愉悦和兴奋的方式谈论这些，啊，我的朋友，那么我的安宁和均势就越来越长久地被破坏，接着几个星期我无法想起任何其他的事物。当我独自一人时——尤其是在晚上，那时我总是有几个小时清醒着——我可以像一个孩子那样哭泣，与此同时可以像与一个悲伤的爱人几乎不相符合的那样热情燃烧和大发脾气。我最爱的地区是西班牙、意大利、中国、美洲和非洲，而瑞士和塔希提岛这些乐园只给我留下了少许印象。为什么？这我不知道。关于这些地区我已经读过和听过许多，但是现在它们并没有那么生动地住在我心中。倘若我现在对您说，我甚至经常怀念看着其上映的戏剧，而且经常怀念那些在看的时候我曾经感到最无聊的戏剧，还怀念我从前读过并且往往完全不喜欢的书……比如，我曾经在十四岁时看过一本糟糕的小说，书名我不记得了，但是小说里有一座塔，一条大河越过它急冲而下，而且上述奇幻之塔被刻在铜板上置于书的扉页上。我早就忘了这本书，但是一段时间以来它从我的记忆中艰难地向外走来。对我而言，并不是这个故事，也不是我读这个故事的那些时光，而是——真实且严肃地说——那块破旧且画错了的铜板，成为了一幅奇异的魔法画，我多次十分强烈地渴望再次见到它。如果这都不是疯狂行径的话，那么就没有疯狂的事了。因为我除此以外甚至忍受不了旅行；因为当我有一次离家一周时，我是这般热烈地渴望重新回家；因为在家中，一切在我说出口前就切实满足了我的愿望。请您告诉我，我应该如何看待自己？我应该如何开始行事来摆脱我的这种胡闹？我的施普里克曼，当我之前开始向您展示我的弱点时，我害怕自己的软弱，可是通过写这封信，我已经彻底变得勇敢，不再害怕。我觉得，今天我想要好好地克服我的敌人，而他也可能冒着遭到突袭的危险。您可能料想不到，现在我的外部处境除此之外有多么幸运。我在一种我不

施普里克曼

配的程度上享有我父母、兄弟姐妹和亲戚们的爱。尤其是自从三年半前我生病以来，我被体贴且宽容地对待，以至于如果我不是自己对此心存担忧且小心提防的话，我很可能会变得固执且任性。眼下，我母亲的一个妹妹卢多维讷正与我们在一起，她是一位善良、文静且聪慧的姑娘，与她的交往在我看来十分值得，特别是由于她对事物清晰且恰当的看法，她往往凭此不用严厉对待就让我贫乏且迷惘的头脑冷静下来。维尔纳·哈克斯特豪森（Werner Haxthausen）①现在生活在科隆，我的大哥维尔纳几周后去他那里。再见！请您别忘了，我多么热切地等着回信。

您的内特

①　维尔纳·哈克斯特豪森（1780—1842），普鲁士官员和语言学家，德罗斯特-许尔斯霍夫的舅舅。

约瑟夫·格雷斯

致阿劳城①主理牧师阿洛伊斯·沃克

导　言

很少有德国的散文作家的技巧像格雷斯②的那样未被削弱地进入到他们的写信手法中。好比一位将作坊设在客厅旁边的手工艺人，他的高超技能从来不只是显示在劳作中，而且同时也清楚地显示在这个男子及其家庭的私人生活空间中，对格雷斯的写作技巧而言，情况也是如此。当弗里德里希·施

---

① 瑞士北部阿尔高州的首府。

② 约翰·约瑟夫·格雷斯（Johann Joseph Görres，1776—1848），德国高校教师，19世纪上半叶最具影响力的（天主教）政论家之一，法国大革命的支持者，反对拿破仑。其于1814年在科布伦茨创办的《莱茵河周报》（*Rheinische Merkur*）被拿破仑称为除了英国、俄国、奥地利和普鲁士之外的"第五个敌对大国"。该报两年后被取缔。之后对政治现状的失望令格雷斯转向宗教领域，成为"政治天主教"（politischer Katholizismus）的先驱之一。

莱格尔①的早期浪漫主义反讽——参见《卢琴德》(*Lucinde*)——具有神秘的特性并且明确把一种冷漠的光芒围绕在纯粹的、自给自足的"作品"周围时，一种格雷斯式的晚期浪漫主义反讽则搭建了一座通向毕德迈耶尔风格②的桥梁。为了使自己兼有真挚和朴实，反讽开始摆脱技巧。对于格雷斯所属的那一代人而言，对哥特式的市民阶层房间的追忆，随着其刻在椅子和箱子上的蓓蕾花纹式小塔楼和拱廊，真正深刻地进入到了日常生活中。当在我们看来，这种回忆有时在拿撒

---

① 卡尔·威廉·弗里德里希·冯·施莱格尔(Karl Wilhelm Friedrich von Schlegel，1772—1829)，德国早期浪漫主义运动"耶拿派"的核心人物和现代人文科学的创始人之一。他与其兄奥古斯特·威廉·施莱格尔(August Wilhelm Schlegel，1767—1845)于 1798 年共同创办的杂志《雅典娜神殿》(*Athenäum*)，是耶拿早期浪漫派的喉舌。1799 年，他出版了唯一一部小说《卢琴德》，这本是他的一个小说四部曲计划中的第一部分，以颂扬浪漫的爱情与婚姻为主调。另外，他在印度梵文研究、比较语言学和历史哲学等领域也多有建树。

② 参见 p.86 注释②。

勒人画派（Nazarener）①的画作中显得娇揉造作并且冷冰冰时，它在更为私人的领域赢得了更多的温暖和力量。下面这封信极其出色地反映出被理想化地绷紧着的浪漫主义向宁静且好思的毕德迈耶尔风格的转变。

斯特拉斯堡，1822 年 6 月 26 日

我必须再一次把脸转向阿尔山谷（Aartal）并且看看汝拉山脉（Jura）对面我自由的同盟者们正在干什么。所以我立刻把左脚放在巴塞尔附近的古盐塔②上，接着，没有迈出大步，把我的右脚掠过我们善良的布里克山谷（Bricktal）居民的头顶，放在隘口旁边马鞍形山脊的上方。现在我向下看去，立刻发现一座木桥，人们大白天在上面也看不见什么，而且不许对着桥撒尿，违者处以三法郎的罚款，其中一半会给举报

---

① 19 世纪上半叶的一个德国青年画家组织，主要活跃在维也纳和罗马，以在艺术中重新唤起基督教精神为己任，对德国浪漫主义时期的艺术产生了重要影响，代表人物包括约翰·弗里德里希·奥韦尔贝克（Johann Friedrich Overbeck，1789—1869）、彼得·冯·科内利乌斯（Peter von Cornelius，1783—1867）和菲利普·法伊特（Philipp Veit，1793—1877）等。

② 盐塔（Salzturm）是中世纪时期城墙上的一种防御工事，作用类似于烽火台。

者，这显然是为了不污染底下美丽碧绿的山涧。在左侧我看到一座古老的堡垒，第十二代英勇的阿劳人越过它的围墙爬下来，其后是一间住所，格雷斯教授在那里沉寂于他爱国主义的幻想中。最后，在最左边——为了不再走错——倒数第三幢房子里，我最亲爱的牧师先生有些心不在焉地在后面的长廊上来回踱步，偶尔看向隘口，并不完全相信他的眼睛，不知是他从信中朝外看还是信从他身上朝外看，也不知是他的思想站在山上还是山站在他的思想上。这些就是有可能出现在生活中的稀奇古怪的情况。如果牧师真的同我打招呼并且严肃认真地问我，我究竟是否真的是同一位格雷斯先生，那位众所周知在市长家住了十个月并且在花园里来回小跑的格雷斯，那么我不能心安理得地说"是"，因为我八个月前从那里带来的那件合身的大衣，的确已经完全被穿坏而且被撕破了；然而，我也可以毫不脸红地说"并非真的不是"，因为我相信自己完全记得，存在争议的自我确确实实在那里漫步。那我就在困惑中毫不犹豫地向牧师先生伸出手，我立即感觉到情况如何并且感觉到我在老朋友和老熟人中间。

现在，为了用严肃的讨论取代这种愚蠢无聊的谈话，我想告诉您，我的这封信如何在巨大的暴雨背后行进，这些大暴雨已经让这里的许多人付出了生命的代价，我妻子和索菲娅也差点在水面上遭遇它们。这些就是今年可怕的狂风，它们迷失方向越过山脉朝北方而去。玛丽认为，虽然早晚还是让指尖有些发冷，您却已经有四星期没有在炉子里生火了。但是我对她说，我们正好不必把手指伸出来而宁愿把它们留在身边，这本来就是得体的。

成百上千只鸟——这场大灾难中它们正好在我窗前唱着它们的催眠曲——让人向您的小蔡瑟致以最美好的祝愿。

尤斯图斯·李比希[1]

致奥古斯特·冯·普拉滕伯爵[2]

导　言

　　在早期浪漫主义中，不仅仅存在一个思维关系上的密集网络，而且结成了一个从自然科学家到诗人的私人关系上的密集网络。温迪施曼[3]、

———————

　　[1]　尤斯图斯·冯·李比希（Justus von Liebig，1803—1873），德国化学家。他创立了有机化学，被称为"有机化学之父"；发现了氮对于植物营养的重要性，又被称为"肥料工业之父"。他曾长期在德国吉森大学任教，使这个小城成为了当时世界的化学中心（今天的吉森大学就以其名字命名）。他的门生遍布世界各地。他还创立了学生实验室教学法，为近代化学实验教育体制奠定了基础。

　　[2]　奥古斯特·冯·普拉滕伯爵（Graf August von Platen，1796—1835），德国诗人，代表作有《阿拉伯抒情诗》（*Ghaselen*）、《新阿拉伯抒情诗》（*Neue Ghaselen*）和《威尼斯十四行诗》（*Sonette aus Venedig*）。他与海因里希·海涅之间的论战，即普拉滕事件（Platen-Affäre），是德国文学史上最激烈的争论之一。

　　[3]　卡尔·约瑟夫·希罗尼穆·温迪施曼（Karl Joseph Hieronymus Windischmann，1775—1839），德国哲学家和医生，主张将自然哲学与基督教历史哲学统一起来。他自1818年起任职于波恩大学，除教授历史和哲学外，还同时在医学院教授病理学和医学史。另外，他是弗里德里希·施莱格尔（参见p. 107注释[1]）的好友。

里特尔①和恩内莫泽尔②等互有联系的杰出人物与布朗式刺激理论③、催眠术④和克拉尼式声音图案⑤等互有联系的想法，连续不断地保持着双方队伍中对自然哲学的兴趣。但是这个百年越是向后推移，这种关系就越是松散，直至最终在晚期浪漫主义李比希和

---

① 约翰·威廉·里特尔（Johann Wilhelm Ritter），参见 p. 71 注释①。

② 约瑟夫·恩内莫泽尔（Joseph Ennemoser，1787—1854），奥地利医生和医学哲学作家，以通过催眠治疗疾病而闻名。

③ 约翰·布朗（John Brown，1735—1788），英国精神病医生，提出了疾病皆因刺激过分或者不足所致的布朗式学说（Brunonian system）。

④ 催眠术，由德国医生弗朗茨·安东·麦斯麦尔（Franz Anton Mesmer，1734—1815)提出的一种医学治疗方法。麦斯麦尔认为人具有动物磁性（animalischer Magnetismus，麦斯麦尔也称其为"tierischer Magnetismus"），整个身体就像一个布满磁流的磁场，当磁流分布不均时，人体就会生病，只有使身体磁流重新恢复均匀，病情才会好转。所以他用磁石按摩患者的身体，通磁于他们身上，使其进入现代所称的催眠状态，反复几次后，患者醒来就会发现疾病痊愈了。

⑤ 恩斯特·弗洛伦斯·弗里德里希·克拉尼（Ernst Florens Friedrich Chladni，1756—1827），德国物理学家和天文学家，最先用数学方法研究声波，他是算出有关声音传播的数量关系的第一个人，因此被誉为"声学之父"。克拉尼用小提琴弦使覆盖着一层沙子的薄板振动，有一些部分（即波节线）保持不动，因此留住了由附近振动区域抖来的沙子，从而在薄板上形成了一幅独特的沙子图案，即克拉尼图案。

普拉滕的友谊中找到最奇特的、最紧张的表现。表明这一友谊之特征、使其完全与更早期之类似联系相区别的，是其专有性，通过它，这一友谊——与其他所有关系相脱离——仅对准这两位伙伴：一位是十九岁的化学系学生，另一位是年长九岁、同在埃尔兰根大学致力于他对东方学之兴趣的人。可是，共同的求学时间很短。1822年春——这一年让他们两人互相结识——李比希不得不为了躲避对民众领袖的迫害前往巴黎以策安全。[①] 这就是一场书信往来的开始，这场通信脆弱地凭借三个支柱——即他们一同度过的三个月——摇摆而颤抖着克服接下来几年的深渊。普拉滕作为通信人曾是十分难以相

---

① 1821年，李比希跟随他在波恩大学的导师转往埃尔兰根大学求学，并且开始撰写他的博士论文。作为波恩-埃尔兰根学生社团的成员，他于1822年3月参加了倾向于自由主义的学生反对当局的游行示威，因此被警察通缉，被迫逃回家乡。在其导师的介绍和黑森大公的推荐下，他获得了一份去巴黎索邦大学学习的奖学金。他在巴黎的工作引起了亚历山大·冯·洪堡（参见 p.114 注释①）的注意，在后者向黑森大公的举荐下，年仅21岁的李比希于1824年5月回到德国，成为吉森大学的特殊化学和药学副教授。

处的：看起来，当致友人的十四行诗和阿拉伯抒情诗偶尔中断这场书信往来时，普拉滕在某种程度上用不停地谴责、诋毁和威胁来掩盖和换取它们。因此这位友好的年幼者的迎合就更为动人，他如此深入地进入到了普拉滕的世界里，预言他作为自然科学研究者（倘若他决定从事这一职业的话）会有一个比歌德更伟大的未来，或者像下面这封信那样，用阿拉伯文在他的信上落款来令普拉滕高兴。这封信写于李比希的生命发生决定性转折前的两个月，他本人在其著《应用于农学和生理学的化学》的题词中回忆了这一转折。在献给亚历山大·冯·洪堡（Alexander von Humboldt）①的这篇题词中他这样写道："1823 年 7 月 28 日的会议之末，当我正在忙于把仪器打包时，一群学会成员中的一位男子接近我并与我攀谈。带着最和蔼可亲的友

---

① 亚历山大·冯·洪堡（1769—1859），德国地理学家和博物学家，是近代气象学、地理学和地球物理学的主要创始人之一。他是德国著名的教育家、语言学家和外交家威廉·冯·洪堡（Wilhelm von Humboldt，1767—1835）的弟弟。

好，他想要从我这里获悉我研究的对象和所有我的工作与计划。由于没有经验和害羞，我不敢问是谁对我表示了善意，我们就分别了。这次谈话是我未来的基石，我获得了对我的科学目标而言最强大和最慈爱的朋友与恩人。"①李比希继续忠于那些岁月，那时两位伟大的德国人能够在一个法国学会的房间里互相缔结友谊，尤其是在 1870 年，当时他在巴伐利亚科学院的一次演讲中反对沙文主义。② 就是这样，他在早年和晚年都代表着那样一代学者，在他们身上哲理与诗意都尚未从眼界中消失殆尽，即使——就像在下面这封信中那样——这两者大多只是在薄雾背后招手示意，如幽灵般而来。

---

① 参见其著：《应用于农学和生理学的化学》（Justus Lie-big, *Chemie in ihrer Anwendung auf Agricultur und Physiologie*），布劳恩史威克 1846 年版，第 Ⅶ 页。

② 1870 年 7 月，由于争夺欧洲大陆霸权和德意志统一问题，普法战争爆发。1871 年 1 月，巴黎失陷，普鲁士国王威廉一世在凡尔赛宫镜厅加冕为德意志帝国皇帝，德意志完成了统一，法国因此失去了中西欧地区的霸主地位。

巴黎，1823 年 5 月 16 日

最亲爱的朋友：

现在，你手里肯定有我的上一封信，并且期待着这封信里有我曾许诺要寄给你的画。此事没有马上做到并非我的错，而是艺术家的过失，他至今尚未完成这幅画。可是，这该妨碍我与你稍微聊一聊吗？

天气、温度和其他外部突发事件对思维并且因此也对书信写作有决定性的影响，这是一件确凿无疑的事。尽管具有强硬的自我，人类还是受到这种影响。我们与湿度计的内核有共同的特点，它必须根据周围环境中是否存在湿度延长或缩短自己。现在，这样的一种外部动因无疑正在加诸我身，它令写信给你变成我的一种需要，而在其他情况下我想起你或者想着写信给你就能够满足了。但是不要因此相信一颗附近的彗星也许对此负有责任，因为磁针仍然一如从前般振荡，热力也不比巴黎这个时节前后通常的情况更为不同寻常。毕渥（Biot）①关于声音之分析与分类的讲座课也不能产生这种需要，但是我曾希望能够弹奏手风

---

① 让-巴蒂斯特·毕渥（Jean-Baptiste Biot，1774—1862），法国物理学家，最大的研究成果在光的偏振现象和热传学领域。

李比希

琴，那么现在我会弹奏着，你也许会听到那些乐音，它们会告诉你我有多么热烈地爱着你。征服气体之定律的发现者盖·吕萨克（Gay Lussac）①在他的讲座课上更加不太可能为这种需要提供诱因，但是我曾希望自己是一种能够膨胀至无限的气体，那么此刻我会满足于有限，让自己只膨胀至埃尔兰根，在那里作为空气将你包围起来；如果有在呼吸时致死的气体和令迷人画面出现的气体，那么我也许会是一种能够唤醒写信之兴致以及生命之欢乐和喜悦的气体。伯当（Beutang）②更不太能够用他的矿物学产生这种需要，因为他切断了我有朝一日获得智者之石的全部希望（作为石头它必定可以在矿物学中被找到），但是我曾想得到它，因为它会将我置于能让你尽可能幸福的境地，会让我能够同你一起解开阿拉伯和波斯的谜语，没有

---

① 原著此处有误，该化学家的复姓写作 Gay-Lussac。约瑟夫·路易·盖-吕萨克（Joseph Louis Gay-Lussac，1778—1850），法国化学家和物理学家，以对气体的研究而闻名于世，发现了气体化合体积定律，即参加同一反应的各种气体，在同温同压下，其体积成简单的整数比。

② 原著此处有误，该矿物学家姓 Beudant。弗朗索瓦·叙尔皮斯·伯当（François Sulpice Beudant，1787—1850），法国矿物学家和地质学家，由他发现、披露和命名的矿物多达十几种。

这块奇石我将永远学不会这么做。也许产生这种需要的原因是拉普拉斯(la Place)①和他的天文学？也不可能是他，他只是给我看你生活的那条经线，而没有给我看你的那些幸运星。同样不太可能是居维叶(Cuvier)②在大自然中的发现调动我去写信，因为这位好人尽管有热情，但还是不能找到一只动物，更谈不上一个与别人全无二致的普通人了；他只是向我展示了大自然由一架阶梯组成，并且只是让我看到，我还站在你下面多少级的台阶上。也许奥斯特(Oerstedt)③在此逗留期间用他的电磁学造成了这个谜？只是也不

①　原著此处有误，该天文学家姓 Laplace。皮埃尔-西蒙·德·拉普拉斯(Pierre-Simon de Laplace，1749—1827)，法国数学家、物理学家和天文学家。作为天体力学、天体演化学和分析概率论的创始人，他在研究中创造和发展了众多数学方法，是应用数学当之无愧的先驱。
②　乔治·居维叶(Georges Cuvier，1769—1832)，法国博物学家。他通过对许多现存动物与化石进行比较，建立了解剖学与古生物学，并且提出了物种"灭绝"的概念和地貌"灾变论"。
③　原著此处有误，该物理学家姓 Ørsted。汉斯·克里斯蒂安·奥斯特(Hans Christian Ørsted，1777—1851)，丹麦物理学家和化学家，他首先发现了电流磁效应，即载流导线的电流会作用力于磁针，使磁针改变方向。为了纪念他，国际上从1934 年起命名磁场强度的单位为奥斯特。

冯·普拉滕

莫里茨·鲁根达斯(Moritz Rugendas)绘

是他，因为他认为在他的伽伐尼电流（Galvanismus）①中没有电极，而我感觉到我们是两个极点，它们本质上无限大不同，只是也正是由于这种不同而不得不彼此吸引，因为同性相斥。

你看，最亲爱的普拉滕，我找不到任何能够向我解释这个隐秘的理由，我请求你在你的下封信中给我解答。

你的真诚吻你的

李比希

---

① 意大利医生和物理学家路易·伽伐尼（Luigi Galvani，1737—1798）于 1771 年发现死青蛙的肌肉接触电火花时会颤动，从而提出动物体内存在一种"神经电流物质"。因为这种电流与闪电等"自然电"以及摩擦起电等"人工电"不同，所以将其命名为"伽伐尼电流"（Galvanismus），这是一种直流电。

威廉·格林

致燕妮·冯·德罗斯特-许尔斯霍夫

导　言

"这些花"，安内特的姐姐燕妮·冯·德罗斯特-许尔斯霍夫（Jenny von Droste-Hülshoff）于 1824 年 12 月 10 日这样向威廉·格林写道，"来自我的花园，而且我已经为您将其晒干"。[①] 还写道："我祝愿您，当您想要去河谷草地散步时，总是有晴朗的阳光，而且您没有遇见那些让您有不愉快念头的讨厌的熟人，以免您的整个休息就这样付诸流水。"她还有两个请求，"也就是很乐

[①]　燕妮·冯·德罗斯特-许尔斯霍夫(1795—1958)，安内特·冯·德罗斯特-许尔斯霍夫(参见 p. 93 注释①)的姐姐和最重要的知己。她于 1813 年与威廉·格林(1786—1859)相识，帮助后者收集童话与民谣，两人保持着长久的书信往来，并且有迹象显示，两人还有过一段无果的恋爱关系。威廉·卡尔·格林(Wilhelm Carl Grimm)，德国语言学家和作家，并且致力于搜集和整理德国的民间童话与传说，"格林兄弟"(参见 p. 178 注释①)中的弟弟。

意想知道卡塞尔的剧院和舞台有多大"。另一个请求就要重要得多。"如果我",她这样写道,"给我的天鹅们修剪翅膀的话——这事最近不得不发生在那两只幼小的天鹅身上——那么这总是一项如此艰巨和悲伤的工作。所以我请问您,河谷草地上的天鹅是以何种方式被妥善对待的。但是这件事一点儿也不急,因为我还不能马上利用您传授的知识。但是您一定要始终用友善的目光注视天鹅,并且想象您正在站在许尔斯霍夫池塘边上,看着我的天鹅们在那里漂游。我还很想告诉您它们叫什么:英俊的汉斯、小白脚、长脖子和白雪公主。您喜欢这些名字吗?"①所有这一切都在下面这封信中得到了回答。然而这不是指这些问题在这种答复中得到了解决,而是指这种答复与这些问题极其微妙地交织在一起,以至于这一场问答游戏变成了

①　参见《燕妮·冯·德罗斯特-许尔斯霍夫与威廉·格林的书信往来》(*Briefwechsel zwischen Jenny von Droste-Hülshoff und Wilhelm Grimm*),明斯特 1929 年版,61～63 页。

写信人之间早已逝去之爱情游戏的反映，这场爱情游戏继续失重地存在于语言和图像的世界中。多愁善感是什么，如果不是那只因为感觉无法继续前行而随处降下的疲惫的翅膀的话？那么，它的反面又是什么，如果不是这种如此聪明地保存自我，不在任何经历和回忆上停驻，而是一个接一个轻巧地略微提及、不知疲倦的躁动的话？"啊，星与花，心灵与裙子／恋人，悲伤与时间和永恒。"①

卡塞尔，1825年1月9日

亲爱的燕妮姑娘：

我很感谢从您那里收到的两封信以及从中流露出来的好意与善意：我由衷地感觉和认识到它们。也许我能够更好、更美地表达这一点，但是您怎么会不能在寥寥数语中就感受到有关于此的真相呢？从我最初见到您起已经很久了。每次都是很多年过去了，我们才再次对您的出现感到愉悦。然而每次跟您接近我都

---

① 克莱门斯·勃伦塔诺（参见 p.63 注释②）的诗歌《入口》（*Eingang*）的最后两句。

燕妮·冯·德罗斯特-许尔斯霍夫

绘于 1820 年

觉得一样亲密，为此我也不设想您会忘了我们或者您对我们的怀念可能随着时间而渐渐淡薄了。如果有人让人们可以在任何时候带着信任和确信想起他们，这是美好的。我相信我已经写过一次信告诉您，我们的生活往往让我觉得像一次在未知国度的行走，因为所有我们遭遇的一切都是不确定的。在我们头顶和周围，天空到处都是一样近，而我一如您那样相信，它将会让我遇见对我有利之物。我们的双脚仍然被束缚在地上，当我们在干枯且炎热的沙地中向深处行进时，我们觉得痛苦，而我们可以渴望绿色的草地和森林，渴望那些热诚的人们扩建的居民点。这将会让您重新想起我关于散步的叙述，在散步途中我如此不情愿地遇到了一张神色打扰到我的面孔，因为我无法不去注视别人。很多年来——其实从我能记事开始——我都是独自一人去散步，这种也许大得过分的敏感可能由此而来。早些年我必须这么做，因为由于虚弱我走得很慢，如此它就成了我的一个习惯。我最爱以这种方式与自己单独在一起，对我而言，虽然我很乐意待在人群中——虽然我不大想长期一个人待着——但是它取代了我有时极其渴望的孤独。我理解您偶尔对社会抱有的反感。如果人们克服了这种反感，这当然总是有益且恰当的，但是我同样责备自己殷勤地对待对我漠不关心的人。

您寄给我的花是如此美丽，这种形式的花我还从来没有见过这么美丽的。它们曾经只打算开一个夏天，现在则被如此长时间地保存，以至于它们或许要忍受一个人并且比他活得更久。生命如此迅速地流逝！在研究与工作中，时光于我飞去。几天前，在 1 月 4 日，我们庆祝了雅各布的生日。您相信他已经 40 岁了吗？有时他还完全像一个孩子，他是一个如此善良且思想高尚的人，如果合适的话我想向您称赞他。

您曾经答应要记住我在此给您看的仙后座。我还想让您认识一个人们时下见到并且是所有星座中最美丽的星座。如果您在夜晚大概八九点钟前后正对着东南方抬头仰望，那么它就会站在您面前。至少在我的概念里，它看上去是这样的：

这整个叫猎户座，两颗大的星星叫参宿七（Rigel）和参宿五（Bellatrix），而我不想用第三颗大星的阿拉伯名来使您烦恼。位于中间的六颗星

也叫雅各布的手杖（Jocabsstab）或耙子（Rechen），或许由于园艺您不会忘记这个。它在五旬节（Pfingsten）后再次落到西方，在秋天又重新升到东方。

剧院有 40 英尺宽，43 英尺高，155 英尺深。这方面您获得准确信息了。但是我还未能打听到要如何对待天鹅。其实我认为，人们完全不用给幼小的天鹅剪翅膀。它们虽然会飞去，但还是会重新回到故土来。

这个夏天的某个晚上，我前往富尔达（Fulda）[①]。在那里，有只天鹅飞落在一座小岛上，它在那里趾高

[①] 卡塞尔南部约 100 千米的城市。

气昂地栖息着，然后落入水中划了几个圈。这只天鹅肯定是从河谷草地飞来的，好几次我也在那里见到它飞行。此外您无须劝我喜爱这种动物，我一直对它们抱有好感。我总是重新喜欢它们的宁静和稳重、从容不迫却仍生机勃勃，它们的智慧——因为人们想到海泡石已经成型并且活跃起来——以及它们在冷淡与安静之外看来还具有的热情。十二月初我见到了它们最美丽的一幕：一个温暖且柔和的夜晚，在突然降临的夜幕中，我——如同我喜爱的那样——穿过河谷草地朝河水走去，因为我特别想要打量一下它。这种纯粹的、轻微活动的元素总是令我高兴。垂柳还树叶满枝，只是变成淡黄色的了，瘦弱的枝条带着明显的愉悦在空中来回缓缓摇摆。透过云杉和冷杉，几条暗红色的云带在东方发亮，而另一些已经陷入黄昏深处。那时天鹅们看上去才变得相当生机勃勃，在镜子般的水面上来回游水，它们的洁白在黑暗中闪耀，它们看上去真的就像超自然的生物，以至于我能够鲜明地想象水妖和天鹅少女，直至天色最终变得漆黑。我喜欢您的天鹅们的名字，只是小白脚对我而言是个谜，或者这只天鹅应该凭此学会谦虚？现在您也给一只取名叫水妖吧！

我想就此在一个周日的早晨结束这封信。只是在您搁下它之前，您还必须接受我们所有人的衷心祝愿。

威廉·格林

卡尔·弗里德里希·策尔特

致歌德

导　言

75 岁的策尔特①把下面这封信寄给 78 岁的歌德，在前者抵达魏玛之后、进入后者的门槛之前。我们经常注意到，在我们的文学中，光辉和荣誉最多地附着在年幼者、起步者以及更多地在年少成名者身上。每一项对莱辛的新研究都确证了，一个成熟男人在那里出现有多么罕见。而一份友谊则完全从德国知识界众所周知的领域中凸显出来。在这份友谊中，两位白发苍苍的老人在一种对年龄之威严与渴望值完全中国式的意识中，互相凭借令人吃惊的祝词度过了生命中剩余的日子。我们在歌德与策尔特的书信往来中找到这些祝词，下面这封信应该是其中最完美无缺的一封。

――――――――

　　①　参见前言 p.2 注释②。原著此处有误，写这封信时，策尔特 69 岁。

歌德

约瑟夫·卡尔·斯蒂勒(Joseph Karl Stieler)绘于 1828 年

你是如此舒适地安居在大自然的怀抱中，我是如此乐意听你谈论那未被世世代代的人看见的、通过宇宙发挥作用的原始自然力，以至于我预感到一个相同之物，我的确觉得自己理解你最深刻，然而我太老了而且太过落后，无法再开始一场对大自然的研究。

当我在孤独的旅行中越过高山和山峰、穿过沟壑和山谷时，你的言辞就在我这里变成了想法，我想要将其称为我之物。但是它到处都是漏洞，只有我自己的微小才能可以拯救我不陷落下去。

当我们像如今这样正待在一起时，我会猜想——因为我这般乐于了解你——为了巩固我内心最隐秘的渴望，你会屈尊为我放上基石：即艺术与自然、精神与身体怎样到处联系在一起，但是它们的分离是——死亡。

如此，这次，当我就像一根合股线穿过了自科堡(Coburg)至此的图林根山脉时，我又重新痛苦地想起了维特①：我不能用我身下和身边之思想的指头到处触摸、到处查看，可是这在我看来是如此自然，就如同躯体和心灵合为一体一般。

可是，我们多年来的通信并不缺乏素材。你如此

① 指歌德所著《少年维特之烦恼》中的主人公。

尽力地修补我音乐之事上的一块知识，在那里其他像我这样的人无疑始终在四处蹒跚——究竟谁会告诉我们这事呢？

但是，我也不想在你面前显得对其他人太过摇尾乞怜。称其为骄傲吧——这种骄傲是我的乐趣。从青年时代开始，我就觉得自己被拉扯着、被强迫着靠近那些懂得更多、懂得什么是最好的人。我勇敢地、简直是兴高采烈地同自己做斗争，并且忍受那些人身上令我讨厌之处。我曾很清楚自己想要什么，即使我现在也不清楚，我曾经历了什么。你是唯一一个过去忍受着我、现在还在忍受我的人。我可以与我自己分离，只是不能与你分离。

告诉我，我几点去拜访你。之前我将等候我们的医生，但是我不知道他何时会来。

魏玛，星期二，1827 年 10 月 16 日

Z.

达维德·弗里德里希·施特劳斯

致克里斯蒂安·梅克林

导　言

　　从回溯历史的角度看，下面这封信比一个死讯包含更多内容，即使这是震惊全德之黑格尔的谢世。这封信是一个对黑格尔棺架的效忠誓言，这个誓言的后果那些发誓的人当时还没有预料到。在这封信中显得如此联系紧密的施特劳斯（Strauss）①与梅克林（Märklin）②，属于布劳博伊伦修道院附属学

---

　　①　施特劳斯的姓氏应写作"Strauβ"，原著在此处出现的这种不准确性，是由德语正字法的历史演变造成的。达维德·弗里德里希·施特劳斯（David Friedrich Strauß，1808—1874），德国新教哲学家、作家和神学家，青年黑格尔派代表人物之一，以对基督教的批判而著名，主要著作有《耶稣传》（*Das Leben Jesu*）和《旧信仰和新信仰》（*Der alte und der neue Glaube*）等。

　　②　克里斯蒂安·梅克林（Christian Märklin，1807—1849），德国新教神学家和教育学家，政治上倾向于君主立宪制。1821～1825年，两人同在穆尔布隆-布劳博伊伦新教讲习班（Evangelischen Seminare Maulbronn und Blaubeuren，相当于9～12年级的高级文理中学）就读，1825～1830年，两人同在图宾根教会学校（Tübinger Stift）就读。

校的同一届学生，在那里他们互相结下了友谊，虽然是在所谓"天才毕业班"(Geniepromotion)中。人们至少这样称呼这一届稍后在图宾根教会学校就读的学生。施特劳斯和梅克林于1925年作为神学院的学生升学进入了那里。但是今天，在帮助这个群体获得这个响亮名声的其余人物中，只有弗里德里希·提奥多·菲舍尔①还有声誉。在收信人早逝后——他于1848年去世②，享年42岁——施特劳斯于献给他的出色且从容的传记中，把这所著名教会学校的景色描写得风姿绰约。这所学校随着时间的推移"经历了那么多建筑上的变化，以至于它没有了修道院的样子，甚至几乎不再有一个古老的面貌。随着建筑物的正面转而朝南——那里阳光充足且通风透气，有可以令人陶醉地眺望

---

① 弗里德里希·提奥多·菲舍尔(Friedrich Theodor Vischer，1807—1887)，德国文学家和哲学家，青年黑格尔派的成员，代表作有《批判路径》(*Kritische Gänge*)和《美之美学或科学》(*Aesthetik oder Wissenschaft des Schönen*)等，政治上倾向于左翼民主。

② 此处原文有误，梅克林实际去世于1849年10月18日。

施瓦本山脉（Schwäbische Alp）上深蓝色围墙的更高楼层，那个山脉作为背景耸立着，高过作为前景戏剧化地向一边避让的斯坦拉赫谷（Steinlachtal）——整栋大楼，除了两个报告厅和一个餐厅外，以这种方式——即与在布劳博伊伦类似的，总是在两间学生的学习房之间坐落着一间指导教师的小房间——被分隔成适合每 6 至 10 人一间的学习—住宿室。"①尽管后来，施特劳斯为了寻求与当时来自柏林的、引起全德关心的思想进行直接讨论而离开了这所教会学校，但是这两位友人在 1833 年又作为指导教师重新在这所学校团聚了。两年后，《耶稣传》（*Das Leben Jesu*）出版了。不但对其作者施特劳斯，而且对梅克林而言，这本书变成了长期持续战斗之源泉，在这些战斗中形成了青年黑格尔派神学。对这两人来说，黑格尔学研究的起

---

① 达维德·弗里德里希·施特劳斯：《克里斯蒂安·梅克林：来自当下的一幅生平性格图》（David Friedrich Strauß，*Christian Märklin：Ein Lebens-und Charakterbild aus der Gegenwart*），曼海姆 1851 年版，28～29 页。

点是《现象学》①。"黑格尔，这位从前与梅克林的父亲同一时期进入图宾根教会学校的人士，在他施瓦本的家乡长期只是得到微不足道的重视。这时，在梅克林之子及其朋友圈中突然产生了一小群他的热情追随者。只是在神学之事上，他们体系中的结论延伸得比这位大师本人大胆得多。"在《耶稣传》中，这些结论导致了《新约》之超自然主义诠释与理性诠释的融合，如此——用施特劳斯的话来说——"一种理念作为谓项的主体——教会将这些谓项赋予耶稣基督——取代个体被确立起来，但是是一种真实的、而非康德式虚幻的理念。假定在一个个体、一个圣人身上，那些被教会归功于耶稣基督的个性与功能自相矛盾，那么在物种的理念上它们互相一致"。这就是黑格尔学派的视角，虽然它们在 1831 年静静地处于萌芽状态，也没有那么提升一场葬礼之传统的振奋效果。当

---

① 指格奥尔格·威廉·弗里德里希·黑格尔：《精神现象学》(Georg Wilhelm Friedrich Hegel, *Phänomenologie des Geistes*)，班贝克/维尔茨堡 1807 年版。

时，这位即将诞生的《耶稣传》的作者不是唯一一个在那场葬礼上感受到不和谐之音的人，在这种声音中，一种颠覆性的、未曾预料到的永生即将来临。同为黑格尔派的 J. E. 埃德曼非常调解性地写道："一个人们刚刚还看到他气色健康且生机勃勃的人被夺走了生命，对此的恐惧应该被视为在他墓前说的一些话的申辩理由。他太伟大了，以至于他支撑着的那些小家伙不禁表现得失去自制与镇静。"①

柏林，1831 年 11 月 15 日

最心爱的朋友，我应该写信告诉谁黑格尔去世了，除了你——在我还能听见和看见活着的他的时候，我最多地想起的人？虽然在我的信到你那里之前，报纸就将报道此事，但是你也应该和必须从我这里听闻它。我曾希望能够从柏林写信告诉你更可喜之

—————————

① 约翰·爱德华·埃德曼（Johann Eduard Erdmann，1805—1892），德国哲学家和作家，老年黑格尔派的成员，曾在柏林跟随黑格尔学习，代表作是《哲学史大纲》（*Grundriss der Geschichte der Philosophie*）。

事！设想一下我是如何获悉此事的吧。我一直未能碰见施莱尔马赫①，直至今天早晨。那时他很自然地问，霍乱是否吓退了我让我不敢出现，我反驳道，这一消息已经变得越来越令人镇静，并且现在真的快要结束了。他说，是这样的，但是它还夺走了一个伟大的受害者——黑格尔教授昨天晚上死于霍乱。想象一下这种影响！伟大的施莱尔马赫，当我把他与这一损失相比较时，他在那一刻对我而言是无足轻重的。我们的谈话结束了，我匆匆离去。我的第一个念头是：现在我要动身离开了，没有了黑格尔，我在柏林做什么呢？但是很快我想了一想，而现在我留了下来。我已经旅行至此——我不再继续旅行；在这里，虽然黑格尔已经去世了，但是他没有完全消逝。我非常高兴，在这位伟大的大师生命终结前还听过他说话、见到过他。我在他那里听了两门讲座课：关于哲学的历史和法律哲学史。如果撇开所有表面性不谈，他的报告给人一种纯粹为自我而存在（Fürsichsein）的印象，这种

---

① 弗里德里希·达尼尔·恩斯特·施莱尔马赫（Friedrich Daniel Ernst Schleiermacher，1768—1834），德国新教神学家和哲学家，浪漫派的成员，将柏拉图的著作译成了德语，被视为近代注疏学的创始人。

施特劳斯

存在意识不到为他人之存在，也就是说，这与其说是一次针对听众的讲话，不如说是一次说出来的思索。因此，正如它们如此迅速地想要在思想中产生，说出来的只有压低的声音和未完成的句子。但是它同时是一次沉思，就像人们可能在一个并非完全不受干扰之地获得的那样，它在最舒适、最具体的形式和只是通过其所在的关联和语境获得更高意义的范例中活动。星期五他还上了这两门讲座课。星期六和星期天课本来就暂停。星期一张贴告示说，黑格尔由于急病不得不中断他的讲座课，但是他希望星期四能够通知课程继续。但是还在星期一时，他的终点确定了。上星期四我拜访了他。当我向他说出名字和出生地时，他立刻说"啊，一个符腾堡人！"并且表示了真挚的愉悦之情。他问我符腾堡形形色色的情况——他仍然带着真诚的亲密生活在其中——比如修道院、新老符腾堡人之间的关系等这一类问题。关于图宾根，他说，他听闻在那里充满着对其哲学的糟糕的、部分带有恶意的看法；他微笑着说，先知在其祖国毫无价值，这种情况也适用于此。关于图宾根的学术精神，他有自己的想法。在那里，这个人和那个人对某件事持有的观点被堆积起来；在那里，一个人说这件事，另一个人说那件事，这种情况本身也让人说，等等。这一看法如今对图宾根而言可能不再完全恰当，健全的理智和正统的体系是图宾根的神学和哲学更加积极的中心。黑格尔很有兴趣地打听你父亲，对穆尔布隆（Maulbronn）的提及让他想到这一点，他说，他与你父亲一起读完了中学和大学。他以为你父亲还在诺因施塔特（Neuenstadt）。当我告诉他你父亲现在是海尔布隆（Heilbronn）的高级教士时，这位老符腾堡人说道："那么，现在在海尔布隆也有高级教士了吗？"[①]——每当人们在讲台上看到和听到黑格尔，他表现得如此苍老、驼着背、咳嗽着等等，以至于当我进入房间接近他时，我觉得他年轻了十岁。当然，被一顶帽子——就像宾德（Binder）的画作中展示的那顶——遮住的灰白头发、苍白但不憔悴的面容、蓝色的眼睛和尤其在微笑时露出来的最美丽的白色牙齿：这些给人留下了一个十分愉快的印象。当我在他那里时，他举止完全像一位善良的老先生，而且他最后说，我要不时去他那里拜访一下，他想介绍我与他妻子认识。如今，他

---

① 穆尔布隆、诺因施塔特和海尔布隆都是德国巴登-符腾堡州北部的小城市。

将于明日下午三点下葬。大学里的震惊非同寻常。亨宁①、马尔海涅克②、甚至里特尔③都完全不能授课，米歇尔特④几乎在讲台上落泪。现在，我的学习计划完全被撕碎了。我不知道，是否有人也许会着手照着读完这两门讲座课的讲义。此外，我正在施莱尔马赫那里听百科全书，在马尔海涅克那里听新哲学对神学的影响。现在，因为黑格尔的讲座课取消了，我还可以在后者那里听教会教义史，他在黑格尔的同一时段开这门课。我将去亨宁那里听逻辑学，去米歇尔特那里听哲学科学的百科全书。因为施莱尔马赫是即兴讲

① 莱奥波德·奥古斯特·威廉·佐罗塞奥斯·冯·亨宁（Leopold August Wilhelm Dorotheus von Henning，1791—1866），德国哲学家，1821 年在黑格尔的指导下在柏林大学获得博士学位，在黑格尔去世后主编了他关于逻辑学的著述。

② 菲利普·康拉德·马尔海涅克（Philipp Konrad Marheineke，1780—1846），德国新教神学家，在黑格尔去世后逐渐成为其追随者中的右派中坚分子，1817～1818，1831～1832 年任柏林大学校长。

③ 卡尔·里特尔（Carl Ritter，1779—1859），德国地理学家，柏林大学教授，近代科学地理学的创始人之一。

④ 卡尔·路德维希·米歇尔特（Karl Ludwig Michelet，1801—1893），德国哲学家，1824 年在黑格尔的指导下在柏林大学获博士学位。亨宁、马尔海涅克与米歇尔特都加入了在 1832～1845 年负责主编黑格尔全集的"故人之友协会"（Verein von Freunden des Verewigten）。

演，不易记下他的授课内容；总的来说迄今为止，他——也包括他的说教在内——还没有特别吸引我；我必须首先更好地了解他本人。人们说马尔海涅克的演讲骄傲自大且装腔作势，这是一种错误的描述，它十分有价值并且带着显而易见的感情痕迹。在这里最友好的一位就是希茨希①，他已经给我帮了无数忙。昨天他把我介绍给一个协会，那里的特别之处是能碰见沙米索②。人们朗诵费希特③的《生活》。沙米索，一位稍老的、高个的、消瘦的男子，留着一头灰白的早期德国式的头发，但是有一对乌黑的眉毛。在谈话

---

① 尤里乌斯·爱德华·希茨希（Julius Eduard Hitzig，1780—1849），德国法学家、作家和出版商，长期在柏林的司法机构担任要职。他还是霍夫曼（E. T. A. Hoffmann，1776—1822）的传记作者。

② 阿德尔贝特·冯·沙米索（Adelbert von Chamisso，1781—1838），法裔德国博物学家和浪漫派诗人，最著名的代表作是《彼得·施莱米尔的奇谈》（*Peter Schlemihls wundersame Geschichte*）。

③ 约翰·戈特利布·费希特（Johann Gottlieb Fichte，1762—1814），德国哲学家，德国唯心主义哲学的主要奠基人之一，康德与黑格尔之间的联结者。费希特还是德国国家主义和爱国主义最初的激发者与宣扬者之一。代表作有《自然法权基础》（*Grundlage des Naturrechts*），《全部知识学之基础》（*Grundlage der gesammten Wissenschaftslehre*）和《对德意志民族的演讲》（*Reden an die deutsche Nation*）等。

中他并不是那么好，心不在焉、做鬼脸，但是他很亲切友好且乐于助人。所以我拥有了一切，只是没有你——我最好的朋友，也没有找到一个对我而言能够有什么取代你的人。你会说："为何你如此固执地跑开，没有等我们？"我回答："为了见黑格尔，为了给他送葬。"把这封信给比尔，以便他告诉我父母——他们大概很渴望知道——在黑格尔去世后我现在打算做什么。

昨天，17 日，我们安葬了他。三点时，马尔海涅克作为校长在大学礼堂里做了发言，演讲简朴而真挚，完全令我满意。他将黑格尔不仅描绘成思想帝国中的国王，还描绘成生活中真正的耶稣信徒。他还说——在教会的典礼上他不会这么说——黑格尔像耶稣基督那样，通过肉体的死亡进入到了精神上的再生，他把这种精神留给了追随者并且将它渗透。然后，颇为嘈杂的队伍行进至居丧之家，再从那里前往墓地。这块坟墓被雪覆盖着，左边是夕阳，右边是升起的月亮。如同黑格尔希望的那样，他被安葬在费希特的旁边。枢密院委员弗里德里希·福尔斯特（Fr. Förster），一位诗人和黑格尔的拥护者，发表了一篇满是废话的讲话，例如关于雷雨——这场雷雨早已笼罩在我们头顶，看来已经要逐渐消散，它还带着有火花的光束与沉重的雷声击中了一个高贵的头，而且这些以一种语调说出来，好像人们给了这家伙 5 芬尼银币，要他迅速地把事情照着念完。在这结束后，人们走得离坟墓更近了一些，有一个被泪水压抑着但是庄严的声音说："愿主赐福于你。"这是马尔海涅克。这一印象再次让我十分满意。从墓地走出来时，我看到一位年轻男子在哭泣，并且听到他提及黑格尔。我与他做伴同行。他是一位法学家，黑格尔多年的学生。就此祝你平安！

歌德

致莫里茨·塞贝克

导　言

　　对歌德的这封信来说，只有只言片语需要事先提及。在其后会有一个简短的评注。事实上，面对一份如此伟大的文献，语言学的解释似乎是最朴素的行为方式，尤其是因为，对格维努斯（Gervinus）在其文章《论歌德的书信往来》（*Über den Geotheschen Briefwechsel*）中关于歌德晚期书信之普遍特征发表的见解而言，没有什么可以马上被添入其中。另一方面，要想从外在理解这些字里行间，所有的资料都是显而易见的。眼内色（Entopische Farben）的发现者托马斯·塞贝克于1831年12月10日逝世。① 眼内色是

---

　　①　托马斯·塞贝克（Thomas Seebeck，1770—1831），德国物理学家，1821年发现了热电效应中的塞贝克效应（See-beck-Effekt）。他与歌德合作致力于颜色论的研究。其子莫里茨·塞贝克（1805—1884），德国教育家，1851～1877在耶拿大学担任学监，长期致力于推动该校科学研究之发展。

通过某种程度适中的光刺激在透明物体上显现的色相。歌德将之视为他与牛顿学说相对立的颜色论(Farbenlehre)的一个主要实验证据。因此，他对眼内色的发现有最浓厚的兴趣，并且自 1802 至 1810 年与其定居耶拿的原创人有更为亲密的联系。此后，当塞贝克在柏林工作并且在那里成为科学院院士时，他与歌德之间的关系松动了。歌德责怪他在如此显著的位置上没有持续为"颜色论"出力。下面这封信的背景就是这么多。它是对一封信的答复，在那封信里，这位学者的儿子莫里茨·塞贝克在将其父逝世的消息告诉歌德的同时，也向后者保证这位逝者至死都对他怀有的钦佩，这种钦佩"有一个比个人的好感更为坚实的基础"。

1832 年 1 月 3 日

我最亲爱的先生，我要最真诚地回复您十分重要的来信：您杰出的父亲之过早离世对我而言是一个巨大的个人损失。我非常喜欢想起那些能干的人，他们在鼎盛活跃期同时努力追求增加知识和开阔眼力。当

莫里茨·塞贝克

在遥远的友人之间先是溜进了一份沉默，然后出现了一份沉寂，并且从中毫无理由、毫无困难地引起了一种不满情绪时，我们想必就从中遗憾地发现一种无助的状态，它会在仁慈且善良的天性中卖弄自己，我们应该有意识地力求把它像其他的缺点一样克服和清除掉。在我动荡且紧凑的生活中，我不时犯下这种疏忽之罪；在目前的情况下，我也不想让我这个人完全拒绝指责。但是我可以这样保证，对这位过早离世的人来说，我既不曾让作为朋友的他缺乏好感，也不曾让作为学者的他缺乏关注与赞美；我保证，我曾经经常打算询问一些重要之事，如果那样的话，所有猜疑之恶魔可能就会一下子被赶走了。但是呼啸而过的生命除了其他奇异之处外，还有这一个：我们在工作中这般满是愿望，这般热衷于乐趣，很少知道重视与握紧给定的瞬间之细节。因此，即使年届高龄，我们仍然有责任，至少在其特质中承认从未离开我们的人性，并且有责任通过对缺点的反省来让自己平静，这些缺点的归责不能完全被避开。向您和您亲爱的家人最深切地致以关怀之意。衷心祝愿！

J. W. v. 歌德

这封信是歌德所写的最后一批信件中的一封。就像他的人一样，他的语言也处在边缘。从一种没有帝国主义特质的帝国意义上来说，歌德老年的言辞拓展了德语。恩斯特·莱万（Ernst Lewy）在一个鲜为人知但是极有意义的研究《论老年歌德之文风》（*Zur Sprache des alten Goethes*）中表明，诗人老年沉思冥想、静心养性的个性如何使其拥有特有的语法和句法的搭配。他指出了复合词的优势、冠词的缩减、对抽象的强调和许多其他特征，它们共同作用，导致给予"每个词尽可能大的意义内涵"并且使整个结构与从属的语言类型——比如土耳其语，或者同化的语言类型——比如格陵兰语，相适应。以下注解没有直接采纳这些语言上的观点，而是试图澄清这种文风离常见的语言风格有多远。

"是一个巨大的个人损失"（ein grosser persönlicher Verlust sei）

——语言上，直陈式同样也是可以的。

此处的虚拟式显示，这种控制着作者的感觉
自发地不再需要记录与表达的道路，歌德作
为自我内在的"书记员"公布了这种感觉。①

"在鼎盛活跃期"(in voller Tätigkeit)

——这些词语与死亡相对，是一种带有
真正古典感的委婉表达法。

"一种无助的状态"(eine Art von Unbe-
hilflichkeit)

——针对老年人的举止，作者选择了一
种更适合婴儿举止的表达。这么做是为了能
够将一种生理行为置于一种心理行为的位置
上，并且以此——尽管带着强制力——简化
事实情况。

"不……让我这个人完全拒绝"(nicht
ganz von mir ablehnen)

---

① 德语中的第一虚拟式用于间接引语时，表示纯客观的
转述，不掺杂说话人的个人态度。

——歌德本来很可能是想写"不完全拒绝"（nicht ganz ablehnen）。他写"不……让我这个人完全拒绝"并且以此提供自身——自己的身体——以支撑指责，这种做法根据的是一种使他在感官事物的表达中所偏爱的抽象化，在精神事物的表达中骤变为一种矛盾的形象化的爱好。

"呼啸而过的生命"（das vorüberrauschende Leben）

——在另一处，这种生活称为"动荡且紧凑的"。这些形容词令这一点非常清楚，即作者本人在思想中——尽管不是在概念中——思索着退回他的岸边，用另一位老者沃尔特·惠特曼（Walt Whitman）——他留下这些遗言就离世了——的话说："如今我想要坐在门前，打量我的生活。"

"瞬间之细节"（Einzelheiten des Augenblicks）

——"对于瞬间我想说：逗留一下吧，

你是如此美丽。"①令人满足的瞬间是美丽的，但是停留住的瞬间是崇高的，正如这封信的字里行间握紧的、在生命的终点几乎不再向前移动的瞬间。

"在其特质中……的人性"（das Menschliche ... in seinen Eigenheiten）

——这些是这位伟大的人文主义者退回的最后之地，就像退回一处避难所。他将这些支配着这段最后生命期的特质置于人类自身的庇护之下。就像弱小的植物，比如苔藓，最终穿过一座坚不可摧但空无一人的建筑物的墙体为自己开辟道路，感情冲破了一种不可动摇的态度的接缝，挤进这里。

---

① 原句出自《浮士德》。

格奥尔格·毕希纳①

致卡尔·古茨科②

导　言

　　我们总是听到同样的说法。荷尔德林③对伯
伦多夫④写道："纵然心灵与生计的困境会将我
驱使至塔希提岛，我愿意并且此外必须仍然说德

---

　　①　卡尔·格奥尔格·毕希纳（Karl Georg Büchner，
1813—1837），德国作家、自然科学家和革命家。年仅23岁就
去世的他，虽然作品不多，但仍被视为德国三月前期
（Vormärz）最重要的文学家之一和德国现代戏剧的创始人。
1831～1833年在斯特拉斯堡攻读医学，之后转学至吉森大学，
并在当地建立秘密革命组织"人权协会"，发行政治小册子《黑
森信使》（Hessische Landbote）。由于有人告密，毕希纳被通缉。
1835年，他在5周内创作完成描写法国大革命的代表作《丹东
之死》，交由卡尔·古茨科紧急编辑出版，之后用所得稿费逃
往斯特拉斯堡，后转往瑞士，任苏黎世大学讲师。
　　②　卡尔·费迪南德·古茨科（Karl Ferdinand Gutzkow，
1811—1878），德国作家、戏剧家和记者，"青年德意志"（Das
Junge Deutschland）运动的领头人和德国早期现实主义的主要
代表之一，代表作有《塔尔杜弗的原型》（Das Urbild des
Tartüffe）和《乌里尔·阿考斯塔》（Uriel Acosta）等。
　　③　参见p.20注释①和p.57注释①。
　　④　参见p.56注释①。

语。"克莱斯特①对弗里德里希·威廉三世
(Friedrich Wilhelm Ⅲ)②写道，他"已经不止一次
几乎产生不得不在国外生存的悲伤念头"。路德
维希·沃尔夫拉姆③对法恩哈根·冯·恩瑟④写
道："您不会让一位拥有一定程度上没有污点的
文学声誉的德国作家陷入贫困。"格雷戈尔维斯⑤

---

① 贝恩德·海因里希·威廉·冯·克莱斯特(Bernd Heinrich
Wilhelm von Kleist，1777—1811)，德国剧作家、小说家、诗人
和政论家，他是德国悲剧和志怪小说的大师，但生前生活贫
困，事业失败，创作得不到认可，最后自杀身亡，一直被视为
他的时代文学界的"局外人"。

② 一译腓特烈·威廉三世(1770—1840)，1797~1840 年任普
鲁士国王。即位后不久就在第四次反法同盟中遭到惨败；随后推行
了一系列政治、经济、军事和教育改革，为普鲁士的崛起打下了基
础，终于在第六、第七次反法同盟中击败拿破仑，使普鲁士成为欧
洲列强之一；晚年的统治又趋于保守，使普鲁士逐渐势微。

③ 赫尔曼·路德维希·沃尔夫拉姆(Hermann Ludwig Wolf-
ram，或 Wolfram-Müller，1807—1852)，德国作家，其作品都用笔名
F. 马洛(F. Marlow)。

④ 卡尔·奥古斯特·法恩哈根·冯·恩瑟(Karl August Varn-
hagen von Ense，1785—1858)，德国编年史作者、小说家、传记作家
和外交家。

⑤ 费迪南德·格雷戈尔维斯(Ferdinand Gregorovius，
1821—1891)，德国作家和历史学家，代表作《中世纪罗马城历
史》(*Geschichte der Stadt Rom im Mittelalter*)是文艺复兴研究
的经典。

对海泽①写道："这些德国男人真的要让一个人饿死。"而现在毕希纳对古茨科写道："您还会见到，当一个德国人饿了时，他就无力做什么。"从这些信中，有一道刺眼的光投在德国诗人与思想家的漫长行进队伍上，这些德国人被束缚在一条共同的贫困长链上，在那个魏玛人的帕纳塞斯山（Parnass）②脚下拖着疲惫的脚步前行，在那里教授们正要再一次去采集植物来研究。——对所有帕纳塞斯山为之作证的不幸而言，下面这封信分得了幸运的经历。特别是，他的弟弟路德维希·毕希纳（Ludwig Büchner）站在他的立场上，为亲近格奥尔格·毕希纳及其未婚妻的人——他们成为了干预措施的牺牲品——这样辩护：在他看来，关键的只是"对了解那个时代的和毕希纳参与的政治运动而言，何

---

① 保罗·海泽（Paul Heyse，1830—1914），德国小说家、诗人、剧作家和翻译家，1910年德国第一位诺贝尔文学奖获得者，尤其是其独树一帜的中短篇小说为其赢得了世界声誉。

② 希腊中部的山脉。在希腊神话中，帕纳塞斯山是一座神山，是太阳神阿波罗和缪斯女神居住的地方，因此这座山被称为艺术的殿堂。

事显得重要"。① 下面这封信为这种参与定下了一个宗旨。就在 1835 年 3 月 1 日的清晨，毕希纳从达姆施塔特出逃了。当局掌握"人权协会"（Gesellschaft für Menschenrechte）的成员已经有一段时间了。据说《丹东之死》（Dantons Tod）的创作是在警察监督下进行的。编辑工作也处于警察的监督下。当这出戏剧于当年七月出版时，古茨科本人称其为一个将就的残留之物，"一场让我花够了克制力的大破坏的遗骸"。1879 年，埃米尔·弗兰措斯（Emil Franzos）②才出版了未经审查的版本。世界大战前夕对毕希纳的重新发现，属于那个时期少数几个没有随着 1918 年失去价值的文学政治事件，它们的现实性必须极好地让我们这个时代的人——他们正看到，在本段开始时提及的一系列声明在难以估量地增加——领悟。

---

① 路德维希·毕希纳（1824—1899），德国医生、自然科学家和哲学家，自然科学唯物论的重要代表。

② 卡尔·埃米尔·弗兰措斯（Karl Emil Franzos，1848—1904），奥地利作家、政论家和编者。

達姆施塔特，1835 年 2 月底

我的先生：

　　也许您观察到了，也许，在不幸的情况下，您自己的经历已经告诉了您，有一种愁苦的等级，它会令每种顾虑都被遗忘，令每种感觉都沉寂。虽然有人宣称，在这样一种情况下，人们宁愿饥饿地入世，但是我能够在小巷里的一位近来刚失明的陆军上尉身上截获反驳之词，他表明如果不是被迫要用他的生命为家庭赚取工资，他会开枪自杀。这是可怕的。您大概会明白，有可能存在相似的情况，它们阻止某人将自己的身躯变成备用大锚，将它从这个世界的残骸中投入水中。那么当我打开您的门，走进您的房间，把一份手稿塞进您怀里并且要求救济时，您也不会感到惊奇。我就是请求您，尽可能快地读完这份手稿。如果您作为批评家的良知允许您这么做的话，请您把它推荐给索尔兰德尔先生并且立刻回信。

　　关于这个作品本身，除了告诉您不幸的局势迫使我至多在五个星期内写完它之外，很遗憾我什么也不能对您说。我说这些是为了激发您对评价作者、而不是评价剧本本身的积极性。我自己也不知道，我应该

毕希纳

用它做些什么。我只知道，我有一切理由在历史面前脸红。然而我用这种想法自我安慰：除了莎士比亚之外，所有诗人都像中小学的男孩子那样站在历史和大自然面前。

我重复一遍我对迅速答复的请求。在结果有利的情况下，出自您手的只言片语——如果它们在下周三前抵达这里的话——能够使一个不幸的人避免一个十分悲哀的处境。

如果这封信的语调可能会令您感到惊讶的话，那么您想一想，对我来说，衣衫褴褛地乞讨比身着燕尾服递交一份请愿书更容易，手里拿着一把枪说"钱还是命！"(la bourse ou la vie)简直比用颤抖的嘴唇低语一句"愿上帝回报您"更容易。

G. 毕希纳

约翰·弗里德里希·迪芬巴赫

致一位陌生人

导　言

我们很熟悉"名流们"的场面，在平常的陈词滥调下，那些人假装想要逃避一个周年纪念或者一项荣誉。但是，为了找到一种通常只是被如此效仿的举止的意义，人们大概必须在德国人的证词上稍微往前翻几页。在那里人们偶然发现了伟大的外科医生迪芬巴赫(1795—1847)[①]的这封信和那种真正的谦虚，这种谦虚不是在人前的恭顺，而是要求匿名。迪芬巴赫在同一时期的《外科手术学》(*Die operative Chirurgie*)的前言中说的话，也适用于在这封信中涉及的事物："这肯定不是对艰难且动荡之生活的鸟瞰和回顾，不是在自己生命的暮年充满忧伤的思考，而是

---

① 约翰·弗里德里希·迪芬巴赫(Johann Friedrich Dieffenbach)，德国外科医生，器官移植和整形外科的开创者。迪芬巴赫的出生年代是1792年，原著此处有误。

凭借对青春和当下的炽热感情抓住的遭遇，不只是前天的遭遇，而且还有昨天和今天的遭遇。"在他去世前不久，这封信向几乎完成的生命保证忠诚，那种忠诚令这位积极工作着的人如此笨拙地对待庆祝活动。这一忠诚当然不是它本身的典范。但是这一行为肯定是德国中产阶级伟大的典型人物——那些我们在本书的书信系列中探究的人——的特点。人们将会从下面的字里行间——也许有些尴尬地——推断出，我们可以在此与"诗人和思想家"的圈子疏离得有多远，我们没有找到这个圈子对此的一点点影响力。

波茨坦，1847年10月19日

肯定有可能，我的一些朋友还是注意到了，25年前的今天我获得了博士学位。我只是担心，他们可能在我的同事和熟人中间对这一天小题大做，并且发起一些在一定程度上会把我逼入困境的活动。做一个庆祝活动的风云人物或者一位专门被祝贺的用餐者，对我而言向来是一个为难的想法。今天，比起让我被最高尚、最优秀的人们所祝贺，我会宁愿让自己做一场手术。这不是单纯的谦恭，而是在这个完全只是对我而言重要的日子里，对一种宁静的与世隔绝之渴望。对我来说，我在我的职业中为了生病之人活过的这25年，是如此迅速而又令人满意地流逝了，就好像它们只是25个星期。通过这种不安而使人震惊的生活——我从中看到过如此多的痛苦——我既没有在精神上，也没有在身体上感到疲惫。对我来说，就好像是许多患者——我曾生活在他们中间——使我这般坚强、这般强大，以至于我要投入到新的25年中去。

如果今天，10月19日，一些朋友和熟人以及其他友善的人们想起我，是因为他们听说，25年前的今天，我由亲爱的、极好的、已故的多特彭（d'Outrepont）戴上了博士帽，那么我想要在完全的宁静与孤寂中享受这个友好的纪念。我不只想要为此感谢他们，而且还要为他们向我表示的所有善与爱——他们由此有助于我实现我的人生目标——而感谢他们。

J. F. 迪芬巴赫

迪芬巴赫

约瑟夫·克里胡贝尔(Joseph Kriehuber)绘于 1840 年

雅各布·格林

致弗里德里希·克里斯托夫·达尔曼

导　言

　　作为下面这封信——它由达尔曼担心的针对《德语词典》（*Deutsches Wörterbuch*）之进展的问题所引发——的导言，这部著作导言中的几段可以在此找到位置："该发掘、解释和澄清我们的词汇了，因为没有理解的搜集一无所获，不具独立性的德语词源学不受欢迎；谁认为纯净的拼写是一件微不足道的小事，他也就不可能在语言中热爱与辨认出伟大之物。但是，成功缺乏任务，执行缺乏构思。我在路边建造，因此我一定有一些大师（Ich zimmere bei Wege / Des muss ich manegen Meister han）。这句古老的格言让人感觉到，一位在开放的街道上建造房屋的人——人们在其前驻足停留，好奇地打量它——心情如何。那位对大门有所指摘，这位对山墙有所非议；一个人称赞装饰，另一个人表扬油漆。但是一本词典站在语言的公共大道上，在那里聚集了一群无穷无尽的民众，他们对语言在整体上内行，在细节上却远远不精通，他们既让赞同和表扬的说法、也让责备的说法响起。""我们的语言长久以来就缺乏它的二元性，在此我必须始终使用这种二元性，而继续使用多元性使我感到麻烦。我想要毫不犹豫地以自己的名义发出许多词的音，它们能够表达我想表达的一切，并能或抚慰或撩拨我最特有的内在感受。一旦威廉今后发表意见，落下他更为柔软的笔尖，他也许会确认和补充我的第一篇报告。当我献身于一份持续不断的工作——我越是详细地了解它，它就越是让我感到强烈的满足——时，为什么我要隐瞒，如果我没有变动地仍然待在哥廷根的职位上的话，就我这方面来讲，我肯定会断然拒绝这一工作？年岁已高时，我察觉到，我开始处理的其余书籍或者我随身携带的书籍——我现在还将其拿在手中——它们的装订线断了。我被一大批从每一个角落和裂缝向我冲来的词语如雪般覆盖，就像当细小且浓密的雪花持续数日落下时，整个地区不久就被巨大的白雪所遮盖那样。有时我想起来反抗，把一切重新抖落干净，但是真正的思索并未停止。然而，渴望地沉湎于次要的奖赏而无视巨大的收益也是一种愚蠢。"最后是这一结尾，它写于一个德国——虽然没有电缆，但是不必伪造它的声音——已经越过海洋发声的时代："亲爱的德国同胞，无论你们是哪个帝国、哪种信仰，踏入一间向你们所有人打开的、你们继承的古老语言的礼堂吧。学习这种语言，尊重它并且坚持它。你们民族的力量与持续时间取决于它。它还跨过莱茵河延伸到阿尔萨斯、再到洛林，跨过艾德河深入到石勒苏益格-荷尔斯泰因，它沿着波罗的海的海岸传到里加和塔林，并且翻过喀尔巴阡山脉来到特兰西瓦尼亚的古大夏地区。移居国外的德国人，这本书也会越过咸咸的海洋到达你们那里，给你们注入或者巩固你们对母语忧伤且甜蜜的念头。用这种语言，你们同时把我们和你们的诗人拉了过去，就像英语和西

班牙语诗人在美洲永生那样。——柏林，
1854 年 3 月 2 日，雅各布·格林。"①

---

① 雅各布·路德维希·卡尔·格林（Jacob Ludwig Karl Grimm，1785—1863），德国语言学家、文学家和法学家，发现了用来描述印欧语语音递变规律的"格林定律"，被视为德国语言学和古文化研究学的创始人。雅各布·格林与其弟威廉·格林（参见 p.124 注释①）被称为"格林兄弟"，他们年轻时均在马尔堡大学学习法律，之后开始致力于语言学与文学方面的研究。1830 年，兄弟俩开始供职于哥廷根大学；1837 年，由于抗议汉诺威国王破坏宪法的"哥廷根七君子"事件，两人被大学开除；1840 年，受普鲁士国王之邀，他们前往柏林定居。《德语词典》，也被称为《格林词典》（Der Grimm），是格林兄弟晚年的重要成果。词典的编纂开始于 1838 年，但在格林兄弟去世时，只有字母"A"到字母"F"之部分的章节完成，直至 1961 年，编纂工作才全部完成。这本词典被视为德语语源学的标准参考书。本雅明选取的下面这封信，收信人是弗里德里希·克里斯托夫·达尔曼（Friedrich Christoph Dahlman，1785—1860），德国历史学家和政治活动家，自由主义者。1829 年前往哥廷根大学担任德国史和政治学教授。1837 年，由于汉诺威国王拒绝接受宪法，他领导 6 名哥廷根大学教授表示抗议，因此被解职而赶出汉诺威。1842 年，普鲁士国王任命他为波恩大学教授。1848 年，他参与共同编写了第一部全德范围内由民主决议产生的宪法《保罗教堂宪法》（Paulskirchenverfassung）。其代表作有《政治：归因于既存现状之基础和范围》（Die Politik, auf den Grund und das Maaß der gegebenen Zustände zurückgeführt）、《英国革命史》（Geschichte der englischen Revolution）和《法国革命至共和国创立史》（Geschichte der französischen Revolution bis auf die Stiftung der Republik）等。

亲爱的达尔曼：

虽然您的笔迹很少被我看到，但是我第一眼就认出了它们。也许您对我由于长年书写而有些缩小和不同的笔迹不是如此。

最初的三个月我几乎总是有病在身。当一场糟糕的流感发作看来总算被克服时，更激烈的第二场随之而来，后者可能引发了一些顾虑并且至少令我很虚弱，现在很难康复，因为并非一切都过去了。那时，当我经常没有睡意地躺在床上时，我也想起这本词典。

您亲热且急切地劝告我努力地继续工作。希尔策①的信多年来持续不断地滴落在同一个地方，它们虽然带着最细微的体贴，然而就像每当女性写信时那样，同一件关切之事始终包含在内。倘若我不读这些信，我仍然知道写了些什么。

与这些声音和一个我自己内心的声音相矛盾，在此于我耳边鸣响的剩下一切都劝告我摆脱一份紧张的工作，而且，就像您能够想象的那样，这得到了医生

————————

① 萨罗蒙·希尔策(Salomon Hirzel，1804—1877)，瑞士出版商，1853 年在莱比锡创立了 S. 希尔策出版社，是《德语词典》的首版发行商。

雅各布·格林致弗里德里希·克里斯托夫·达尔曼　**179**

的支持。我没有因此变得疑虑重重或者犹豫不决，但是却变得有些心烦意乱。

让我们清晰地想象一下这本词典的样子。在三年的时间里，我为字母 A、B、C 提供了紧密排版的 2464 栏，它们在我的手稿中总计达 4516 张四开纸。在此，所有一切——每个字母——都必须是亲手所写，别人的帮助是不允许的。在这之后的三年里，威廉将会用 750 栏描述字母 D，虽然他正与计划相背，执行得太过。

字母 A、B、C、D 还没有达到全部的四分之一。谨慎地估计，仍然有将近 13000 个刊印栏，或者依照我的手稿的方式，有 25000 页要写。真是一个吓倒人的展望。

当轮到威廉的任务时，我曾想，这时我可以稍微松口气并且着手进行在此期间堆积起来的其他工作了。希尔策一看到威廉进展得更慢，工作落后了，他就开始要求我，我应该不用等 D 结束，就开始 E，这样两者的印刷就能够同时进行。从书商的立场来看，这并非不合理，但是这毁了我的假期，打扰了我——在思想中——的平静。为了不得不即刻重新站出来继续任务，我也拒绝了看上去持续时间很长的新工作，而是拟定更多零星的工作。

格林兄弟

伊丽莎白·耶里奥-鲍曼（Elisabeth Jerichau-Baumann）

绘于 1855 年

我们两人同时编写这部词典一事也在外部有反对意见。此事所需的大量书籍必须被来来回回地挪动。因为我们不坐在一间房中，所以会产生持续的奔跑和拿取。我不知道，您是否清楚地设想了我们的房屋布置。几乎所有的书都被竖立在我房间的墙边，而威廉有一个最大的爱好，就是把这些书拿到他的房间去，在那里他把它们放在桌子上，使得人们很难再次找到它们。但是如果他把书放回到老地方，那么就要不停地开门与关门，这让我们两人都觉得厌烦。

这仅仅只是一个由共同工作而产生的外部障碍，内部障碍要棘手得多。

您清楚，我们两人作为兄弟从小时候起就住在一起，爱护着一段不受干扰的关系。威廉做的所有工作都伴随着认真刻苦的周到与可靠而实现，只是他进展缓慢，而且不克制他的天性。我常常在心中责备自己，由于我，他被驱使去做远离他内心爱好的语法之事，他本来会在其他领域更好地证明他的才干，证明所有他胜过我之处。这份词典编纂工作虽然给他带来了欢乐，但是却招致更多痛苦和困境。在此他觉得自己是独立的，在意见有分歧之处，他不愿意让自己协调一致。于是，计划与执行的同一性容忍了有损工作之物，即使在一些读者看来，连这也是令人愉悦的。在他草拟的稿件中，有一些在我看来不正确的地方，正如反之，我草稿中的个别之处可能会激起他的不满。

一部这样的著作如果要成功，它就必须由一方掌控。但是我不得不继续大步向前。

我所有的工作和成就从来不曾指向一部词典，它有害地介入其中。

我感觉到多得多的兴趣去完全结束语法，然而我取得的一切最后还是要感谢它。现在它正发展得超过我的控制，我必须将它在未完成的状态下弃置，不能给它当我感觉自由时存在于我力量之中的事物。期间，一些其他的、崭新的对象在我面前显现，比起这部词典，它们的探讨离我的心要近得多。我可能实现它们，而这部词典的终点不易接近。如果我预料到这整个的艰难处境，当时我会竭尽全力拒绝掉这部词典。我的独到之处与个人气质由此遭到损害。

不过我知道自己为何与之相连。一周前我已经向莱比锡方面告知，我打算在本月开始工作。我将再次屈服并且期待，未来将带来什么，并且它将如何对我加以补偿。

达尔曼

亲爱的朋友，现在您有了一封长信。对您来说，读完它大概是不易的。但是您对此负有责任，您想要它如此，因为您热烈地催促我。我很高兴听说，现在有三位姑娘——用莱辛的话说三位小女子（Frauen-zimmerchen）——在您家中，您由此感到愉快。我仍然是您忠诚的朋友。

柏林，1858 年 4 月 14 日

雅各布·格林

克莱门斯·冯·梅特涅亲王①

致安东·冯·普罗科施-奥斯滕伯爵

导　言

格奥尔格·卢卡奇(Georg Lukács)曾意

义深远地评论，当无产阶级——资产阶级的

---

①　克莱门斯·文策尔·洛塔尔·冯·梅特涅(Klemens Wenzel Lothar von Metternich，1773—1859)，奥地利政治家，19世纪最重要的外交家之一。原著中将"Klemens"写作"Clemens"，这种不准确性是由德语正字法的演变造成的。他从1809年开始担任奥地利帝国的外交大臣，1821起担任帝国首相，直至1848年革命爆发，他被迫下野为止。最初，他主张缓和奥地利与法国的关系，竭力促成了奥地利公主、女公爵玛丽-路易丝(Marie-Louise von Österreich，1791—1847)与拿破仑的政治联姻。但是在这不久之后，他作为外相又推动了奥地利加入第六次反法同盟，代表奥地利签署了拿破仑宣布放弃法国皇帝称号并被流放到厄尔巴岛的《枫丹白露条约》。之后，他主持了维也纳会议(1814年9月～1815年6月)，主导欧洲各国定下日后"协调行事"的方针。为表彰他为帝国做出的贡献，奥地利皇帝在1813年10月授予他亲王的头衔。1848年后，他经历了一段短暂的流亡生涯，于1851年再次回到维也纳宫廷担任顾问直至去世。梅特涅是19世纪保守主义的巨擘，致力于重整欧洲秩序，扑灭欧洲革命之火；他的大国均势政策，一方面使得当时已经落后的奥地利能一度跻身于欧洲强国之列，另一方面帮助欧洲各专制国在维也纳会议后维持了长达三十多年的专制统治，这一时期(1815～1848)也因此被称为"梅特涅时代"。

最后一个敌人——已经站到德国资产阶级面前时，后者尚未把他的第一个敌人——封建主义——摔倒在地。① 梅特涅的同时代人已经对此有亲身体验。人们只需翻开格维努斯（Gervinus）从未被足够重视的《十九世纪史》（*Geschichte des neunzehnten Jahrhunderts*），读一读这位卸任的王朝、官廷和国家的首相在去世前不久可能还在读的文字："曾有过伟大的国家领导人，他们虽然比梅特涅更加令人窒息地进行统治，但是却通过对国家的功绩来补偿他们的强硬；他们虽然像梅特涅那样把他们的个人利益置于公共福利之前，但是当他们的自私自利性不插手时，他们却用聪明才智或者对行动的天然倾向与共同本能推动有利之事。梅特涅不是如此。他的兴趣是不作为，因此这种兴趣始终插手并且始

----

① 格奥尔格·卢卡奇(1885—1971)，匈牙利哲学家和文学批评家，20世纪上半叶西方马克思主义哲学和理论的革新者。他于1923年发表的代表作《历史和阶级意识》是西方新马克思主义的奠基之作。

终与公共福利争执不下。"①但是他的兴趣不仅仅是这一不作为——它给予了被推翻之人那种(这位81岁老人写的这封信如此显而易见地充满了的)信心,也不仅仅是不受干扰地享受难以估量的财富——正如有人所言,亲王知道在三十年的和平中通过"与金融巨头之间的汇兑利润和分配协议、为职务效劳、高价卖出……和低价买入带来的收益……从赔偿、和约、撤离、补贴、购买和航运中得来的数百万钱财"为自己谋得这些财富,他的兴趣也是他重要的政治信仰——在他的八卷手写遗稿中,不见得有一处比在这封遗书一般写给他唯一的学生、时任法兰克福联邦议会奥地利钦差大使的冯·普罗科

---

① 格奥尔格·戈特弗里德·格维努斯(Georg Gottfried Gervinus,1805—1871),德国历史学家和民族自由主义政治家,"哥廷根七君子"之一,1848年法兰克福国民议会(Frankfurter Nationalversammlung)议员。他的代表作是5卷本的《德意志人诗意的民族文学史》(Geschichte der poetischen National-Literatur der Deutschen)和8卷本的《〈维也纳和约〉以来的十九世纪史》(Geschichte des neunzehnten Jahrhunderts seit den Wiener Verträgen)。此处的《十九世纪史》应指《十九世纪史导论》(Einleitung in die Geschichte des neunzehnten Jahrhunderts)。

施-奥斯滕（von Prokesch-Osten）伯爵①的信中，会更有效地表述清楚这种信仰。从这封信中，人们可以有把握地画出一段穿过半个世纪的曲线，人们还可以找到一种回旋，它比起在梅特涅的所有话语中更多地存在于他的暧昧微笑中，这是一种在拉纳②元帅看来是卑躬屈膝的柔顺、在霍尔迈尔男爵③看来是狡诈与贪婪、在罗素勋爵④看来是毫无意义之习惯的微笑——人们会在阿纳托尔·法朗士（Anatole France）⑤那里重新找到这种

---

① 更常见的叫法是安东·普罗科施·冯·奥斯滕（Anton Prokesch von Osten，1795—1876），奥地利将军和外交家，1853～1854 年在设于法兰克福的德意志联邦议会中任职。他当时与俾斯麦在克里米亚战争（1853～1856）中的意见相左，是使得奥地利此后日益在德意志联邦中被孤立的重要原因之一。

② 让·拉纳（Jean Lannes，1769—1809），法国军人，拿破仑最大胆和最优秀的将领之一，1804 年被授予法国元帅头衔，1808 年被封为芒泰贝洛公爵（Duc de Montebello）。

③ 约瑟夫·冯·霍尔迈尔男爵（Joseph Freiherr von Hor-mayr，1781 或 1782—1848），奥地利历史学家、文学家和政治家，以撰写多卷本的奥地利史见长，全部著作总计达 170 本。

④ 乔治·威廉·罗素勋爵（Lord George William Russell，1790—1846），英国军人、政治家和外交家，1812～1830 贝德福德区下院议员。

⑤ 阿纳托尔·法朗士（1844—1924），法国作家、文学评论家和左翼社会活动家，1921 年获诺贝尔文学奖。

回旋和这种微笑。法朗士说：“人们经常谈论‘时代的标记’。但是它们很难被找到。我原来时常觉得，我们时代的最独特之处从一些在我眼前发生的小场景中流露出来。但是在这些情况下，十次有九次曾发生的是，我恰好在老旧的日记和年代记中重新找到伴随着相应情况的同样之物。”确实如此。为此，那些具有破坏情绪的人——他们可能作为大贵族有封建主义的倾向，或者作为中产阶级有无政府主义的倾向——总是最爱将生活与戏（Spiel）做比较。“戏”一词的双重含义是完全恰当的。① 在下面这封信中，它指的是伴随着所有相同之物持续不断再现的舞台剧；而在另一封几乎同时期的信中，它指的是赌博游戏，在那里“对道德概念和法律概念的顾及”应该被置于“斯卡特”（Skat）②中。一位俄国枢密院大臣曾把亲王称为“刷了漆的灰尘”。后者不曾为此抛开笑容。对他而言，

---

① “Spiel”一词在德语中既有游戏之意，又有戏剧之意。
② 德国一种三人玩的传统纸牌游戏。

政治手腕是一支小步舞曲，小灰尘在阳光下踏着它翩翩起舞。他如此就一项策略为自己辩解，甚至连资产阶级在其鼎盛时期也无法掌握这项策略，没有看清它作为幻想的本质。

维也纳，1854 年 12 月 21 日

亲爱的将军：

我用第一个保险的机会，就您对 11 月 23 日的友好惦念而向您致以谢意。这一天第 81 次按时到来了。除了对过去的回顾，它几乎没有向我提供其他的视线。未来不再属于我，而当下很少给我满足。

我是黑夜天生的敌人和光明天生的朋友。在完全的黑暗与微明薄暮之间，我不做微不足道的区分，因为在后者那里同样缺少令人振奋的光亮。何处一切都明亮可见？如果您知道，那么您比我更有天赋。我在各方面都看到冲突，在言语与行为之间、在真诚提出的打算与选取的道路之间、在目标之可理解与方法选择之不可理解之间！我不能在剧本的主题中发现任何新的东西；事情是旧的事情，即使它们在新的外表下被搭建起来；能够明确的是剧本演员当中变换的角

色。这种同样的剧本被配备了精巧的道具和过于讲究的舞台演出（mise en scène），这是毫无疑问的。只是人们不要对我提出这是一出新戏，并且允许我等待事态发展过去直至我就素材之处理发表意见。

在海军力量的交战方式中确实存在着新鲜之物，这表现在蒸汽动力上。一场像在克里米亚半岛上那样的作战行动在几年前是不可能，它无疑是一次伟大的实验。利润会与开销相当吗？未来——许多伟大的启示留待它决定——也会对此做出结论。上帝会将它向最好的方向引导。

在 1855 年，许多事将会显现得比我今天能够认识到的更清楚。我希望在它们的进程中见到您的身影。我从不制定超过一个或者最多两个季度的计划：无论何时、无论何种处境，我都知道要量入为出节约度日，而我年岁愈大，衡量的度就愈短。

请您保持对我的感情，正如您可以确信我对您的那样。

梅特涅

梅特涅亲王

托马斯·劳伦斯(Thomas Lawrence)绘

戈特弗里德·克勒尔

致狄奥多·施笃姆

导　言

戈特弗里德·克勒尔(Gottfried Keller)是一位伟大的书信家。[①] 在他写作的手中正是有一种嘴巴不了解的倾诉欲望。"今天非常冷，窗前的小庭院由于寒冷而发抖，七百六十二朵玫瑰几乎慢慢地退回到它们的枝丫上。"这种在散文中带着胡言乱语之轻微沉淀的表述(歌德曾经宣称这种胡言乱语对诗歌而言是必不可少的)，是对此最显而易见的证明，即这位作家比其他人在写作中想到更多最美丽和最本质之物，因此他在质上越来越低估自己，而在量上越来越高估自己。此

[①]　戈特弗里德·克勒尔(1819—1890)，瑞士诗人和政治家，19世纪最富成果的德语作家之一，其作品从资产阶级现实主义的角度深刻反映了19世纪中叶瑞士社会生活的现状，代表作有长篇自传体色彩小说《绿衣亨利》(*Der grüne Heinrich*)和中篇小说集《塞尔德维拉人》(*Die Leute von Seldwyla*)。

外，他的信不仅在空间上位于语言区域的一个边区，在很多最出色的样本中，它们是一种介于书信和短篇小说之间的中间物，是与书信和小品文之合体——像同一时期亚历山大·冯·维莱尔(Alexander von Villiers)①爱好的那种——相对应之物。我们在这些信件中不能找到十八世纪忘我的热情洋溢和浪漫主义形式完美的信仰。下面这封信是它们难以接近且稀奇古怪之风格的典范，同时也可能是我们拥有的作者就其妹妹蕾古拉表达的最详尽看法。关于此人作者曾说过，她"作为一位老处女很遗憾地站到了这个民族更为不幸的一边"。当克勒尔向收信人②描述那两位流动演说家的一致意见时，他对自己就腐化、卑鄙之物持有的不容置疑的、并非

---

① 亚历山大·冯·维莱尔(1812—1880)，奥地利作家和外交家，代表作是《一个默默无名之人的书信：亚历山大·冯·维莱尔书信选》(*Briefe eines Unbekannten. Eine Auswahl aus den Briefen Alexander von Villiers*)。

② 狄奥多·施笃姆(Theodor Storm，1817—1888)，德国作家，现实主义流派的主要代表，尤以中短篇小说见长，代表作有《茵梦湖》(*Immensee*)和《白马骑士》(*Der Schimmelreiter*)等。

完全没有串通的洞察力也直认不讳。正如他经常做的那样，他用为他的迟延请求原谅来开头。其实这意味着，"这些信件如同云朵般漂浮在我可怜的书桌上"。但是他本人是一位推着云朵、长久沉默着、用粗糙的玩笑话出其不意地撕开压抑气氛、接着沉闷地隆隆作响的来自木星的写信人（Jupiter epistolarius）。

苏黎世，1879 年 2 月 26 日

最亲爱的朋友，您的来信是如此受我欢迎，然而它却突然恼怒地发觉我的拖拉，带着这种拖拉我数月来深受写信给您的折磨。对我而言，冬天第一次变得简直让人难以忍受，并且几乎让所有的写作停顿。总是灰蒙蒙的，天光暗沉，而且特别冷，满是雪，继刚过去的多雨之年之后，这个冬天几乎每天都首先破坏清晨的时光。最近，唯一一次，当我由于一位扫烟囱的人——他得来清洁火炉——不得不在四点起床时，我有了清晨的愉悦。当时，我透过被热风稀释了的空气，看到八至十二英里之外南部整个的阿尔卑斯山脉躺在明亮的月光下，就像一个梦。白天，一切自然又重新是雾气与昏暗。

我祝您在收购土地和种植树木时一切顺利。谁还有母亲，他就还有权种树。如果我们要预料到三项新工作的话，您的确是一位会勤奋术的巫师。这些工作在现在和将来不会对您的好名声造成任何损害，因为您没有某些工业家的那种蓄意拉低自己的能力，而且那么做无意中也有它的麻烦之处。

几年前，我在这里也聆听过叙事诗朗诵者约尔丹的朗诵，虽然是相同的章节。我听到布龙希尔德（Brunhild）家病弱的小男孩（多么时髦的小说主题啊！）对西格弗里德（Siegfried）说"你比罗马教皇更好"，这太不可思议了。约尔丹当然是一位伟大的人才，但是，宣布古老而独特的《尼伯龙根之歌》(*Nibelungen-lied*)已经消亡从而将他时髦的怪婴推到前者的位置上，这需要一颗鹿皮制的心灵。[①] 对我而言，那首《尼伯龙根之歌》逐年变得更受人欢迎、更令人敬畏，而且我在每一部分都越来越多地找到自觉的完美与高尚。当上述这场在苏黎世的朗诵结束后，人们从大厅

---

① 卡尔·弗里德里希·威廉·约尔丹（Carl Friedrich Wil-helm Jordan，1819—1904），德国作家和政治家。他曾致力于重塑中世纪中高地德语叙事诗《尼伯龙根之歌》，前往德国各地朗诵诗歌的篇章。布龙希尔德和西格弗里德是诗中的两个人物。

克勒尔

阿道夫·格林明戈尔（Adolf Grimminger）1860 年拍摄于

苏黎世

里走出来时，朗诵者就站立在门后，每个人都必须从他身边经过。金克尔——也是一位朗诵家和"翩翩佳公子"——走在我前面。那时我看到，这两人如何彼此冷淡地颔首示意并且以一种只有女人才会微笑的方式互相浅笑。[①] 我感到奇怪，两个这么高大的小伙子并且是狡猾的无赖可以如此小气地对待彼此。也许巡回朗诵的行为有点让诗人们变坏了。

佩特森真的是个体贴高尚的人。如果情况由他而定的话，那么他会让我们与出版商们友好地一起玩儿，以至于出版商们都晕头转向了。[②] 然而，我们同样不想送那些先生们任何东西。因为我们现在涉及了钱财之事，所以我想要马上谈论一个重要的要点。您已经好几次在您的信上贴了 10 芬尼的邮票，而寄往帝国以外的信必须是 20 芬尼。现在，我这里住着一个妹妹——一个性情乖僻的老处女。每次，当她把因欠邮费而罚的 40 芬尼放在一个小篮子里，把这个篮子用一条绳从三楼的窗户放下去给邮递员时，她都发

---

① 戈特弗里德·金克尔(Gottfried Kinkel，1815—1882)，德国新教神学家、作家、赞美诗诗人和有民主倾向的政治家。

② 威廉·佩特森(Wilhelm Petersen，1835—1900)，德国石勒苏益格行政专员，戈特弗里德·克勒尔与狄奥多·施笃姆共同的朋友。

出大叫："这里又有人没有贴足邮票！"被此逗乐了的邮递员同样在下面的花园中从远处大喊："克勒尔小姐，又有人没有贴邮票！"然后这种热闹场面涌入了我的房间："这次究竟又是谁呢？"（因为您与奥地利的少女们互相竞争，她们会夺走您的位置，她们给上一本圣诞节诗集的所有诗人写信索要亲笔签名，只要书上相关文豪的住址是清楚的。）"下一封这样的信"，妹妹继续大喊，"我们一定不会再收下了！"——"你不会有这种鬼念头的！"我喊回去。然后她寻找眼镜来细看地址和邮戳，但是，因为注意到我这里凸出的温暖的炉膛，她突然想到去把昨天的豆子汤取来并放在热气上，以至于我在书房中就会闻到最香的厨房气味，在有来访者的情况下，这以一种奇怪的方式令人感到愉悦。现在要说的是："带着汤出去！把它放在你的炉子上！""那里已经有一个锅子了，没有地方放更多东西，因为地面是向下倾斜的！"——这是关于整修地面的新嘴仗。但是最后汤扬帆离去了，而相关的邮费问题再一次被遗忘了，因为进攻和防守、胜利和失败已经随着汤换位了。

那么，请您好心地追查这些战争过程的源头并且堵住它。但是请您不要像保罗·林道（Paul Lindau）那样做。① 当初，在寄来一系列只付了一半邮费的针对某件商品的催款信后，他无耻地说这样一件事完全没有发生在他身上；这最多是他秘书的一次唯一的疏忽，因此他为了这起令人不快的意外事故请求宽容，等等。那时，我已经受够这位滑稽角色了！

我完全衷心地感谢您的年度祝愿，并且希望我用我剩余的生命可以实际上向前迈一步。因为商业正开始变得不确定，一个又一个同龄人相继变得失去战斗力，或者完全从那里驾船离开。我同样给您最好的祝愿，尤其是——为了您写信告诉我的怪病——祝您得到平静，暂且我们还不想相信这种病。

您的 G. 克勒尔

----

① 保罗·林道(1839—1919)，德国作家、记者和剧作家，他先后创办了《杜塞尔多夫报》(*Düsseldorfer Zeitung*)、《新报》(*Das neue Blatt*)和《北与南》(*Nord und Süd*)等众多报纸杂志。

弗朗茨·奥韦尔贝克

致弗里德里希·尼采

导　言

　　尼采的朋友、巴塞尔新教神学和教会史
教授弗朗茨·奥韦尔贝克（Franz Overbeck）
是伟大的调解人之一。[①] 辛克莱尔对荷尔德
林意味着什么，奥韦尔贝克就对尼采意味着
什么。[②] 这种人——我们如果不是完全把他
们看作代言人的话，就经常只是把他们看作
一类善意的帮手——要无限重要得多：他们
是一个更富洞察力之后世的代表。即使他们
常常为那些他们永远认识到其声望之人操最

---

　　① 　弗朗茨·奥韦尔贝克(1837—1905)，德国教会史学家
和新教神学家。年轻时他先后在莱比锡、哥廷根、柏林和耶拿
求学，1870 年受聘为瑞士巴塞尔大学的《新约》与教会史教授，
他在那里与尼采初次相遇，两人很快成为挚友和邻居，彼此影
响着对方。奥韦尔贝克的著作不多，而且离当时的学界主流相
距甚远，他主要是作为尼采的好友和笔友而为人所熟知。

　　② 　伊萨克·冯·辛克莱尔（Isaac von Sinclair，1775—
1815)，德国外交家和作家，弗里德里希·荷尔德林（参见 p. 20
注释①和 p. 57 注释①)的挚友。

基本的心，但是他们从未逾越自己作为副手
要维持的界限。在尼采与奥韦尔贝克之间长
期的书信交往中，没有一篇文章比下面这封
信更加令人印象深刻地证明了这一点。这是
因为，在所有这位朋友寄给尼采的信中，这
封信可能是最大胆的。不仅是因为他的建
议——他向《查拉图斯特拉如是说》的作者提
议接受巴塞尔的一个高级中学教师的职位，
而且同样因为他的请求——这些请求牵涉尼
采的生活方式及其最内心的冲突。这些是怎
样与客观信息和探询交织在一起的，这就构
成了这封信真正的精湛技艺。因此，它不仅
如同一张通行证那样开启了对尼采之生活图
景的认识，而且同时提供了一幅写信人的画
像。更确切地说，是一幅关于写信人最内在
天性的画像。因为这位中间人唯有拥有对极
端之物最透彻的洞察才能担当这个角色。他
的论战著述——《基督教信仰与文化》
（*Christentum und Kultur*）和《论我们今日神
学之基督教信仰》（*Über die Christlichkeit
unserer heutigen Theologie*）——已经毫无顾

忌地表明了这一点。对他而言，真正的基督教信仰是无条件的、以末世论为基础的、否定世界的宗教信仰。根据这种对世界的否定，他觉得，基督教信仰对这个世界及其文化的接受是对其本质的放弃，自教父时代起的所有神学都是宗教信仰中的撒旦。奥韦尔贝克知道，凭着这些文章他已经把自己"写成了德国神学导师"。这里是一封信，它的写信人和收信人已经自愿将自己从"经济繁荣期"(Gründerzeit)①的德国中排除出去。

巴塞尔，复活节星期日，1883 年 3 月 25 日

亲爱的朋友：

你曾经觉得漫长的时间真的是很漫长，承认这一点，这比我能为自己辩护和说你估计错误更好。虽然我的上一封信几周前就写好了，但这件事一直让我感到心情沉重，甚至我还让假期的第一周也对我于此毫无帮助地就过去了。这次假期谈不上带给我什么闲情逸致。书信和各种堆积起来的更加琐碎的工作从一开

---

① 参见前言 p. 2 注释①。

奥韦尔贝克与妻子依达(Ida)

始就立刻对我展开了攻击。在此，甚至连那种近乎痛苦的，尤其是最近你的来信与其中表现出来的巨大苦楚所唤起的回信的冲动都暂时减弱了。我只能对你说，不管怎样，你获得胜利对你的朋友们而言——对在一般意义上对你忠诚的所有人，还有在特殊意义上把你视为"生命代言人"的那些人而言——也是一件严肃的事。此刻，你的过去和你的未来过分黑暗地压在你身上，当然，两者还有害地影响着你的健康，它们不能继续如此被忍受。对于过去——你思想中的过去，你现在只是想着错误的做法和不幸的事件，而非想着你曾经总是有办法克服它们。其他关注你的人——他们肯定不只是你的朋友——大多没有忽视这一点。当我想起你确实做得成功的事情时，我尤其提醒你记得你在巴塞尔的教师一职，部分原因在于我是该事的目击者，部分是因为它会马上将我带到你的未来中去。你那时全神贯注于完全不同之事，只用一半甚至四分之一的心思对付你的职务，不过毕竟花了一些心思，至少有了这种本来似乎会更多的成就。为什么你要觉得你不会再做出任何有利之事，觉得完全没有什么该再好好地去做？这已经与众所周知的古老英式智慧相矛盾，在你自己新创的哲学中它更加没有空间。你的哲学虽然没有使你弄错你生命及其坚实基础的障碍，但是它也没有允许你高估这些障碍并且就此屈服。可是你问：为什么还要做些事？我认为，你至少部分地遇到这个从黑暗中，也就是从你的未来之与众不同的不可预见性中而来的问题。你最近写信告诉我，你想要"消失"。一幅十分明确的、甚至无疑非常生动的图景呈现在你的幻想中，它使你充满信心（我如此欣喜地看到这种信心总是在你的来信中爆发出来，现在也是如此），认为你的生活应当成形。但是，一个这样的展望只让一位朋友感到极端的惊恐。他没有把握那幅图景，而你把自己和瓦格纳夫人①共置一处最不令他平静。她真的——反正在她生命的尽头会是如此——身处一种境地，在那里，这样一种最终完全退回自身的撤离——退回有人对着全世界称其为自己所有的地方——在人类天生的利己主义那边还能拥有一些真正的令人喜悦之物。我觉得，这种撤离甚至与一种理智的、建立在人类天性上的、此外不基于任

---

① 科茜玛·弗朗西丝·加埃塔纳·瓦格纳（Cosima Francesca Gaetana Wagner，1837—1930），匈牙利钢琴家弗朗茨·李斯特（Franz Liszt，1811—1886）的女儿；德国作曲家理查德·瓦格纳（Richard Wagner，1813—1883）的第二任妻子；与尼采之间有着错综复杂的关系。

尼采

古斯塔夫·阿道夫·舒尔策(Gustav Adolf Schultze)拍

摄于 1882 年

何事物的道德完全一致。但是，假如"你的消失"与瓦格纳夫人的消失确实有什么共同之处的话，这定然不会给你带来幸福。只要你不为将来的生活考虑更为固定的目标，我就看不到你现在如此急需之平静的可能。在此我想要告知你一个我已经同我妻子商讨过的关于你的想法，我们两人觉得这个想法并非不值得考虑。如果你斟酌一下重新当老师，怎么样？我指的不是高校教师，而是一所中学的（比如德文）老师。我非常理解与现在的成年男性世界接触让你感觉到的所有尴尬，通过青年人的回归对你而言要容易得多，更甚者你能够继续完全站在青年人那边并且以你的方式对人们产生影响。其次，在那些你在最近几年里不仅没有为其浪费时间而且为其变得更为成熟的职业中，这种教师职业是其中之一，甚至也许没有其他相类似之物。最后，带着这类意图，你在外部也就不缺少接触点——原谅我糟糕的但在我们的时代可以理解的措辞，我只想简洁易懂。因为我坚信——顺便提一下，严格地讲，在这一点上和这整个事件中我只是自己说说而已——你会通过这份工作来到这里。我只要这样略微提及就行了，只要你总体上流露出这个念头，那么你将如同我可以希望的那样自己出色地完成一切。现在我最好的慰藉是知道你正在医生的照料下，并且我希望没有任何重要之物和真正有益健康之物被错过。在这里，我们要到三月份才体验得到冬天，而前天是极其阴冷刺骨的一天。但愿天气不久就发生转变，那样你能够考虑一次适当的迁居。关于你的《查拉图斯特拉》的消息令我十分烦恼。我只想希望，你没有由于急躁而不由自主地有违约之举，或者至少除了有立刻继续推进此事的想法外没有这种举动，在此我们必须看清要如何为此出谋划策。你写信告诉我的关于这部诗歌之形成的事，让我感到对其价值充满信任，我最近总是从一本这种类型的著作中获得对你作为作家得到救赎的希望。你在箴言上成就如此少，我觉得，这可以用不止一个理由来解释。我应该写一封提醒信给施梅茨讷吗，或者对他加以询问？[①] ——这周我会收到你的钱，这次是 1000 法郎。我要寄什么给你，如何寄？目前我打算挂号寄到你处，不过这样只能用纸币。——致以我妻子的衷心问候，始终带着关心与友谊想念你，你的

Fr. 奥韦尔贝克

---

① 恩斯特·施梅茨讷（Ernst Schmeitzner，1851—1894后），尼采的助理编辑，1886 年，因为他的反犹太思想，尼采与他断绝合作关系。

附录

如果这一系列信件中的友谊始终只展现出其光辉灿烂的一面的话，那么对于这些信件要唤醒的姿态，这只会提供一个表面的形象。下面这封弗里德里希·施莱格尔的信来自他与施莱尔马赫之间的关系已经变得冷淡的时期，它也许比所有在更加幸福的日子里写的信都更多地证明了狄尔泰的话，即在这些最为私密的信函中，弗里德里希·施莱格尔"比在他多半通过其自身的过错而流传至我们这一代人的形象中"显得高尚得多。① 这封信涉及两位友人于 1799 年 6 月 19 日发生在波茨坦的一次谈话，正如施莱格尔稍后所言，在这次谈话中他把话题引向施莱尔马赫

---

① 弗里德里希·施莱格尔，参见 p. 107 注释①。弗里德里希·施莱尔马赫，参见 p. 144 注释①。威廉·狄尔泰（Wilhelm Dilthey，1833—1911），德国哲学家、历史学家、心理学家和教育家，他创立了与自然科学相对立的人文科学（Geisteswissen-schaften），为发展人文科学的方法论做出了重要贡献。狄尔泰于 1864 年在弗里德里希·施莱尔马赫的指导下获得了博士学位。

"对无信仰的信心"、其"理解力的缺乏以及对个别事物的喜爱",这种个别事物往往令其痛苦。施莱尔马赫对施莱格尔《理念》(*Ideen*)一书的评价给了这次谈话以理由。"似乎我可以要求你要理解《理念》",施莱格尔之后对施莱尔马赫写道,"或者对你不理解它感到不满。对我而言,没有什么比这整场理解与误解的本末更可恨。当有一位我喜爱或者尊敬之人给我想要的惩罚或者看清我的本质时,我就由衷地感到高兴。你可以很容易推断我是否身处能够期待这种欢乐的情况下……倘若我的著述只给你理由,让你与一个理解或不理解的空洞的幽灵纠缠不清的话,那么还是把它们放在一边吧……关于它们的空话定然收效甚微,更别提闲谈关于其他更加敏感的局势了。或者你相信撕碎的花朵会通过辩证法重新生长?"下面是一封更早的书信,其中痛苦的感觉更为新鲜,而姿态则愈加高贵。

施莱格尔

弗兰茨·伽莱斯(Franz Gareis)绘于 1801 年

弗里德里希·施莱格尔

致施莱尔马赫

我把校对稿一起寄给你，因为我不知道你是否同意这个题目。一同寄去的还有我的笔记①，我希望它同样能让你中意，就像我喜欢第五篇演讲的结尾那样。

现在，让我们最好别再谈论此事了，因为你以一种如此不友好的方式向我展示自我——在其他情况下我很乐意从你那里彻底了解你——以至于我宁愿不再想要渴望它。这也收效甚微，因为我现在实在无法如此谨慎地说话；而且如果只剩下一丝可能在一般(gemein)②意义上对待我的讲话的话，那么你肯定会抓住它。这没有造成其他损害，除了像昨天晚上那样，我们用不同的用语习惯各说各话。只不过你表现出来的漠不关心让我想起过去你通常如何糟蹋我的友谊的做法，我很不愿意重燃这一回忆。但是由于这已经发

---

① 为《雅典娜神殿》(*Athenäum*)杂志而写的关于施莱尔马赫《宗教谈》(*Reden über die Religion*)的笔记。——作者原注

② 这里是"平庸"(banal)的意思。——作者原注

生过，所以我把握机会向你告别，这话挂在我嘴边已有数月。

倘若你在这件事上有所感触该多好，因为这可以促使你至少在你的注释中破例一次，并且如果你的理智允许的话，促使你作为假设推断，也许你从头到尾完全未曾理解过我。于是至少还有希望，我们在未来的时代有一天学得会理解。而要是没有这一希望的一丝微光，我可能会缺少说出这句告别的勇气。不要回信。

译后记

本书译自德国苏尔坎普出版社 1991 年出版的 14 卷册《瓦尔特·本雅明文集(口袋书版)》卷Ⅳ·1 中收录的《德意志人》(Walter Benjamin, *Gesammelte Schriften. Band* Ⅳ.1: *Kleine Prosa, Baudelaire-Übertragungen*, hrsg. von Tillman Rexroth, Frankfurt a. M. 1991, S. 149—233)。2008 年,该社启动了最新的全集计划——21 卷册的《瓦尔特·本雅明:著作与遗稿(校勘评注完整版)》。其中,《德意志人》单独成册,是为卷 Ⅹ(Walter Benjamin, *Werke und Nachlaβ. Kritische Gesamtausgabe. Band* 10: *Deutsche Menschen*, hrsg. von Momme Brodersen, Frankfurt a. M. 2008)。当中除了 1936 年出版的书信选编全文外,还收录了其他相关资料,包括本雅明与出版商的来往书信、他在赠予友人之样书上的题词、关于该书的书评等。这是迄今为止《德意志人》相关档案材料最为全面的汇编。

与本雅明的其他著作相比,《德意志人》在很长一段时间内未曾引起人们的足够重视。即便在德语学界,也直至 2005 年才在柏林召开了第一场关于该书的专题研讨会。但是，无论是在本雅明个人创作史还是在德意志文学史上，《德意志人》都具有不容小觑的闪亮之处。时任苏黎世《行动报》总编辑的马克斯·吕希纳（Max Rychner）在 1960 年 6 月 15 日致《本雅明全集》顾问西奥多·阿多诺（Theodor W. Adorno）的一封信中曾言："（《德意志人》）这本书的重新出版让我深感愉悦：当德国人曾经忘却了胆怯和羞愧时，它是曾在德国人头上闪耀的最美炙热炭火。"译者同样希望本书能够为读者所喜，并且对其更好地了解本雅明和德意志文化有所裨益。

作为本雅明研究的外行人，译者能够有机会承接本书的翻译任务，完全要感谢北京师范大学出版社的谭徐锋先生，他的信任、关心、建议与推动，是本书能够顺利完稿并付梓出版必不可少的助力。也要感谢本书责任编辑王晚蕾的细致与敬业，使得译本更加完善。

当然，受个人理解能力、翻译水平和知识储备所限，本书必有可资商榷的疏漏之处。虽然译者已尽力与英译本相参照，但瑕疵失误，在所难免，敬请读者能够不吝赐教。（译者联系方式：dingliang. fan @ gmail. com）

范丁梁

2014 年初夏于杭州

图书在版编目（CIP）数据

德意志人／（德）本雅明著；范丁梁译．—北京：北京师范大学出版社，2014.10（2020.8 重印）
（本雅明作品系列）
ISBN 978-7-303-17513-0

Ⅰ．①德… Ⅱ．①本…②范… Ⅲ．①本雅明，W.(1892～1940)－书信集 Ⅳ．① B516.59

中国版本图书馆 CIP 数据核字（2014）第 104450 号

营销中心电话　010-58802181　58805532
北师大出版社高等教育分社网　http://gaojiao.bnup.com
电　子　信　箱　gaojiao@bnupg.com

DEYIZHI REN

出版发行：北京师范大学出版社 www.bnup.com
北京市西城区新街口外大街 12-3 号
邮政编码：100088

印　　刷：北京盛通印刷股份有限公司
经　　销：全国新华书店
开　　本：130 mm×210 mm
印　　张：8.25
字　　数：150 千字
版　　次：2014 年 10 月第 1 版
印　　次：2020 年 8 月第 2 次印刷
定　　价：45.00 元

策划编辑：谭徐锋　　　责任编辑：何　琳　王晚蕾
美术编辑：王齐云　　　装帧设计：蔡立国　蔡　琪
责任校对：李　菡　　　责任印制：马　洁